Cornelia Diesenreiter

Nachhaltig gibt's nicht!

MOLDEN

Für meine Mama,
die Gartenrebellin

INHALT

Einleitung

„Nachhaltig gibt's nicht!" Eine provokante Behauptung, warum greift man zu solch einem Buch? Gewählt habe ich diesen Titel in der Hoffnung, dass er vor allem zwei Gruppen von Menschen ganz besonders anspricht: Entweder du bist jemand, der sich bereits um ein nachhaltiges Leben bemüht und den diese Aussage irritiert. *Warum sollte es nachhaltig nicht geben? Vor allem, warum solltest du nicht nachhaltig sein?* Vielleicht ist Nachhaltigkeit bereits ein wichtiger Teil deines Lebens oder sogar deiner Identität. Oder es kann sein, du gehörst zu jenen Menschen, die sich denken, *Ich hab's doch schon immer gewusst, alles eine Lüge, dieses „nachhaltig". Reine Geldmacherei!* Vielleicht nerven dich die Ökos und Gutmenschen mit ihren überteuerten Bioprodukten und ihrer Wichtigtuerei. Womöglich erhoffst du dir von diesem Buch endlich Argumente, die deine Vorahnung bekräftigen können.

Wie sich im Buch zeigen wird, spielen diese beiden Gruppen gleichermaßen eine besonders tragende Rolle in der zukünftigen Entwicklung von Nachhaltigkeit. Geschrieben habe ich dieses Buch aber auch für alle, die noch keine klare Haltung zur Nachhaltigkeit gefunden haben und sie vielleicht noch etwas skeptisch aus der Ferne beobachten, denn davon gibt es derzeit noch viel zu viele.

Was bedeutet der Begriff „nachhaltig" überhaupt? Die Geburtsstunde der modernen Nachhaltigkeit schlug bereits 1972, als der *Club of Rome* den weltberühmten Bericht *Die Grenzen des Wachstums* veröffentlichte. Der *Club of Rome* ist eine gemeinnützige Organisation, die sich aus Expert*innen unterschiedlichster Disziplinen aus über dreißig Ländern zusammensetzt und das erklärte Ziel verfolgt, sich für lebenswerte zukünftige Existenzbedingungen von uns Menschen einzusetzen. Für die Publikation des Berichts wurden erstmals die Ressourcen und Rohstoffvorräte der Welt berechnet und es entstand die vielzitierte Schlussfolgerung: *„Wenn die gegenwärtige Zunahme der Weltbevölkerung, der Industrialisierung, der Umwelt-*

verschmutzung, der Nahrungsmittelproduktion und der Ausbeutung von natürlichen Rohstoffen unverändert anhält, werden die absoluten Wachstumsgrenzen auf der Erde im Laufe der nächsten hundert Jahre erreicht." Diese Erkenntnis zeigt einerseits auf, dass wirtschaftliches Wachstum, wie wir es bisher kennen, nicht unendlich fortführbar ist. Andererseits wurde damit erstmals ins öffentliche Bewusstsein gerufen: Lokales Handeln hat globale Auswirkungen. Doch wesentlich wichtiger war die Feststellung, dass alle unsere Handlungen, noch lange nach dem Ende unserer eigenen Lebenszeit, Auswirkungen auf das Leben zukünftiger Generationen auf diesem Planeten haben – sehr viele natürliche Ressourcen sind begrenzt. Und andere brauchen eine gewisse Zeitspanne, um nachzuwachsen. Derzeit konsumieren wir für unseren Wohlstand und das wirtschaftliche Wachstum jedoch mehr natürliche Ressourcen, als für zukünftige Generationen rechtzeitig nachwachsen können. Diese Entwicklung ist mittlerweile wissenschaftlich mehrfach belegt und erste Auswirkungen von Knappheit manifestieren sich bereits in unserem Leben. Trotzdem gibt es bis heute, fünfzig Jahre später, noch immer keine verbindliche Definition von Nachhaltigkeit. Diese Tatsache brachte und bringt weitläufige Interpretationen und missbräuchliche Verwendung der Bezeichnung „nachhaltig" mit sich. Kaum ein anderer Begriff wird von so vielen selbstbewusst ausgesprochen und verwendet und dabei nur von so wenigen tatsächlich in seiner Komplexität verstanden wie Nachhaltigkeit. Ein guter Nährboden für zahlreiche Vorurteile.

Einige gängige davon sind: reine Geldmacherei. Das muss man sich erst einmal leisten können. Ein Luxus. Ein Feigenblatt. Eine Lüge. Da sollen sich gefälligst die Konzerne und die Politik darum kümmern. Auf was ich dabei alles verzichten müsste. Das Klima hat sich doch schon immer verändert. Was kann ich allein da schon ausrichten? Schau dir einmal an, was die in China und den USA aufführen. Wir in Europa sind doch vorbildlich. Die Grünen wollen, dass der Diesel pro Liter 20 Euro kostet. Klimahysterie. Zöpferl-Diktatur. Haben wir nicht wichtigere Probleme?

Ja, haben wir nicht wichtigere Probleme? Den Luxus, uns diese Frage zu stellen, haben wir aber nicht mehr lange. Zahllose wissenschaftliche Studien belegen, dass Nachhaltigkeit eine unumgängliche und existenzielle Notwendigkeit ist. Kurzfristig hat 2019 die wachsende mediale Aufmerksamkeit rund um Greta Thunberg und ihre *Fridays-for-Future*-Bewegung das Thema in den gesellschaftlichen und politischen Mainstream geführt, bis ihre Stimmen durch die weltweite Corona-Pandemie fast wieder verstummt sind. Es ist nicht das erste Mal, dass Umweltthemen durch andere Krisen als Luxusproblem verharmlost und immer wieder in den Hintergrund gedrängt werden, ich denke dabei zum Beispiel an die Flüchtlings- oder die Währungskrise. Es ändert aber nichts, denn es wird nicht mehr allzu lange dauern, bis dies gar nicht mehr möglich sein wird. Die Tatsache, dass wir Nachhaltigkeit derzeit überhaupt noch als Luxusthema empfinden können, liegt vor allem daran, dass die Konsequenzen der von uns verursachten Umweltbelastungen sich erst stark zeitverzögert zeigen. Tragischerweise bekommt der Globale Süden schon heute die Konsequenzen des überschwänglichen Lebens des Globalen Nordens zu spüren. Immer extremere Hitzewellen und die stetig steigende Häufigkeit und Stärke aufeinanderfolgender Dürren, regelmäßige Hochwasser in Küstengebieten bedrohen hunderte Millionen Menschen. Lebensräume werden unbewohnbar. Tiere sterben aus. Polkappen schmelzen. Menschen werden zunehmend unter Hunger und steigenden Infektionskrankheiten leiden. Immer größer werdende Migrationsbewegungen finden statt und noch massivere sind zu erwarten. Auch im Norden finden sich in unseren Fischfilets bereits Mikroplastik und in unserem Fleisch Antibiotika. Dies alles sind allerdings nur kleine Vorboten der Katastrophe, die unmittelbar vor uns liegt. Eines ist gewiss: Natürliche Ressourcen werden enden und Wohlstand, wie wir ihn heute leben, wird schon bald nicht mehr möglich sein. Wir werden vor Herausforderungen ungeahnten Ausmaßes stehen und so wird sich Nachhaltigkeit früher oder später die Aufmerksamkeit verschaffen, derer sie jetzt schon so dringend bedürfte.

Ich habe mein Leben meinem Herzensanliegen gewidmet, wirklich nachhaltig zu werden. Als ich acht Jahre alt war, fasste ich den Entschluss, dass ich unserer Umwelt, Menschen und Tieren durch meine Handlungen kein Leid zufügen möchte. Erst viel später habe ich gelernt, dass man diese Lebensweise als nachhaltig bezeichnet.

Drei Studienabschlüsse, ein ökosoziales Unternehmen und ganze 25 Jahre später muss ich mir aber eingestehen, dass ich kläglich gescheitert bin. Nachhaltigkeit ist ein unvorstellbar komplexes Konstrukt mit unzähligen Implikationen in allen Lebensbereichen. Es ist allumfassend und daher nahezu un(be)greifbar. Auf meinem Weg fand ich zwar viele Antworten, aber noch wesentlich mehr offene Fragen. Aufgegeben habe ich trotzdem nicht, sondern vielmehr meine eigene Nachhaltigkeit gefunden. Ich bin davon überzeugt, dass die mangelnde Definition von Nachhaltigkeit und die zu geringe sachliche Aufklärung bestehende Vorurteile vervielfachen und bereits erkennbare destruktive Dynamiken verstärken, die uns als Gesellschaft in Bezug auf dieses Thema immer mehr spalten. Doch Nachhaltigkeit darf nicht das Ziel einiger weniger bleiben, sondern muss schnellstmöglich Einzug in unser aller Leben finden.

Auch ich habe die *eine* Lösung nicht gefunden, die unsere Welt retten kann. Dieses Buch ist weder ein weiterer Ratgeber, mit den besten und schnellsten Tricks zu einem nachhaltigeren Leben, noch eine Feel-Good-Theorie, die nur überspielt, wie dramatisch die Situation tatsächlich ist. Ich habe sehr lange nachgedacht, wie ich euch, liebe Leser*innen, dieses für mich so wichtige Thema „Nachhaltigkeit" näherbringen kann. Und ich habe mich dafür entschieden, so ehrlich und offen wie möglich meine ganz persönliche Geschichte zu erzählen. Es ist die Geschichte vom Bestreben, wirklich nachhaltig zu werden, auch die Geschichte des konstanten Scheiterns, und ich erzähle euch, warum ich trotzdem nie aufgegeben habe. Ich habe die große Hoffnung, dass dieses Buch – egal aus welchem Grund du dich dafür entschieden hast – zu einem gemeinsamen Verständnis der Bedeutung von Nachhaltigkeit beitragen kann und aufzeigt, weshalb wir sie so dringend brauchen.

Nachhaltigkeit – die Anfänge

Nachhaltigkeit – die Anfänge

Wie Schweinchen Babe mich zur Vegetarierin machte

Weihnachten 1995 – damals war ich acht Jahre alt – wurde im Fernsehen zum ersten Mal der entzückende Film *Ein Schweinchen namens Babe* ausgestrahlt. Darin begleitet man das Schweinchen Babe, das dem Maskottchen einer bekannten österreichischen Biomarke ähnelt, durch ein ungewöhnliches Leben auf seinem Weg zum Hirtenschwein. Das einsame kleine Ferkel wird am Hof des Schafzüchters Hoggett von einer Border-Collie-Hündin aufgenommen. Schnell merkt das Ferkel, dass alle Tiere am Hof einen Zweck erfüllen. Der Gockelhahn weckt frühmorgens den Hof, die Kuh gibt Milch, die Hühner legen Eier, die Schafe geben Wolle und die Hunde hüten die Schafe. Da muss Babe realisieren, dass der einzige Zweck eines Schweins darin besteht, möglichst schnell groß und fett zu werden, um irgendwann als köstlicher Sonntagsbraten auf den Tellern der Menschen zu enden. Um dieses Schicksal nun abzuwenden, versucht sich Babe mit Hingabe und herzzerreißenden emotionalen Momenten erfolgreich als Hirtenschwein. So schafft es Babe, sich in der Nahrungskette nach oben, in die Position der Hunde, vorzuarbeiten, also jener Tiere, die am Hof nicht gegessen werden.

Durch diesen Film wurde mir zum ersten Mal so richtig bewusst, dass mein Schnitzel und mein Schinken den Tod eines fühlenden Lebewesens bedeuten. Dass wir Menschen Tiere als Nutz- oder Haustiere kategorisieren. Dass wir die einen schlachten und die anderen bei uns im Bett schlafen dürfen. Die Geschichte vom Schweinchen Babe berührte mich im Innersten und ich beschloss noch während des Filmabspanns, Vegetarierin zu werden. Aber ich war umgeben von begnadeten Köchinnen traditioneller Hausmannskost – die gefüllte Kalbsbrust meiner Großmutter zu Weihnachten war das kulinarische Highlight des Jahres. Mein achtjähriges Ich konnte dieser Versuchung nicht widerstehen und so hielt mein neuer Vorsatz genau zwei Tage lang. Trotzdem war ab diesem Moment ein Zwiespalt in mir geboren. Fleisch zu essen gehörte zum selbstverständlichen Alltag in meiner Familie und war mit vielen positiven Gefühlen und Genüssen besetzt, zugleich begriff ich, was es bedeutet, Fleisch zu essen. Es folgten unzählige gescheiterte Versuche, darauf zu verzichten. Und es sollte noch ganze sieben Jahre dauern, bis ich tatsächlich Vegetarierin wurde.

Ich erinnere mich an einen Kirtag mit meinem Bruder Andreas. Ein heißer Sommertag. Wir wollten uns ein Grillhuhn teilen. Grillhuhn war für uns etwas ganz Besonders. Unsere Großmutter hat es immer zu speziellen Anlässen für uns zubereitet. Schon immer zuckte ich innerlich zusammen, wenn die Geflügelschere durch die Knochen brach – ein fürchterliches Geräusch. Auch aß ich immer nur das schön abgetrennte Brustfleisch und wollte nie, wie alle anderen in meiner Familie, die Flügel abnagen. Bloß nicht zu nahe am Tier dran sein! Auf diesem Kirtag war unglaublich viel Trubel. Der Verkäufer zog das Grillhuhn vom Spieß und setzte die Geflügelschere an, doch es war anscheinend noch nicht lange genug am Grill. Als er es aufschnitt, war das Innere noch voll Blut. Mein Grillhuhn war noch deutlich erkennbar ein totes Tier und noch kein schmackhaftes Stück Fleisch. In diesem Moment fiel in meinem Kopf endgültig ein Schalter und plötzlich war ich Vegetarierin. Bis heute weiß ich, dass tote Tiere köstlich schmecken – vor allem, wenn ich gebratenen Speck rieche –, aber meine klare Entscheidung fühlte sich trotzdem nie wieder nach Verzicht an. Nicht einmal die legendäre gefüllte Kalbsbrust meiner Großmutter konnte mich jemals wieder in Versuchung führen.

Wenn das fair ist, was ist dann mit all den anderen?

Ungefähr zu der Zeit von Babe begann meine Mutter, die ersten Bio- und Fairtrade-Produkte zu kaufen. Sie meint, dass dies damals möglich wurde, weil es zum ersten Mal Bioprodukte von einer Handelskette im *normalen* Supermarktsortiment gab. Ich erinnere mich, dass es zu Beginn vor allem Milchprodukte und Kaffee waren. Meine Mutter erklärte mir voll Freude, dass dieser Kaffee fair gehandelt werde und die Bauern und Bäuerinnen einen guten Preis für die Bohnen erhielten. Und die Kühe der Bio-Milchprodukte wären glückliche Kühe. In mir löste die Existenz dieser Produkte aber vor allem eine Frage aus: Wenn dieser Kaffee fair ist, was ist dann mit all dem anderen Kaffee? Wenn die Kuh dieser Milch glücklich ist, was ist dann mit all den anderen Kühen? Erst durch das Entstehen biologischer und fair gehandelter Produkte entwickelte sich in mir der Gedanke, dass es anscheinend Kühe gibt, die nicht glücklich sind, und Kaffee, der nicht fair ist.

Die Gartenrebellin und das Waldsterben

Aufwachsen durfte ich in einem Haus mit einem wunderschönen großen Garten. Als ich noch klein war, war der Garten bis ins letzte Eck sauber und penibel gepflegt, so „wie es sich halt gehört" am Land. Löwenzahn, der es wagte, zwischen den Terrassenfliesen hervorzuschauen, wurde als Unkraut sofort ausgerissen. Der Rasen war immer ordentlich und stets frisch gemäht. Pflanzen wurden danach ausgesucht, ob sie schön aussehen und lange blühen. Mit ihrem ordentlichen Garten und den hübschen Blumenkisterln hat meine Mutter sogar Preise für den schönsten Balkon gewonnen.

Doch irgendwann hat sie dann im Fernsehen eine Dokumentation über Werner Lampert gesehen – ein Bio-Pionier Österreichs und Mitbegründer mehrerer Bioproduktlinien. Sie war begeistert und bewegt von seiner Ansicht, die Umwelt als ein schützenswertes Gut, als Heimat abertausender Lebewesen zu betrachten. Meine Mutter hat sehr früh damit begonnen, sich im Internet über alternative Ansätze der Gartenpflege einzulesen. Mühsam suchte sie nach Artikeln und Videos mit Informationen, wie sie dazu beitragen könnte, dass es der Umwelt gut geht, und beschäftige sich eingehend mit naturnahen Gärten. So blieb dann allmählich kein Stein auf dem anderen: Schnell wurde aus dem ordentlichen, sauberen Garten wilde Natur. Der ehemals sorgfältige Rasen wurde zur wilden Wiese. Jeglicher chemische Dünger und Pestizide wurden aus dem Garten verbannt. Pflanzen, die nur schön waren, aber Bienen und Schmetterlingen keinen Nutzen brachten, wurden durch Bienenweiden ersetzt. Sogar der Löwenzahn durfte nun zwischen den Fliesen durchdrängeln und sich zu Hause fühlen.

Es dauerte nicht lange und auf unserer Wiese wuchsen seltene Blumen. Meine Mutter kaufte eine Sense, mit der mein Vater als Kind am Bauernhof meiner Großmutter umzugehen gelernt hatte. Damit mähte er im Hochsommer die wunderschön blühende Wiese im Garten und ließ sie zu Heu trocknen. Der Duft des frischen Heus in den Sommernächten war unbeschreiblich schön. Rundherum in den Sträuchern und Bäumen summte es von den vielen Bienen und Schmetterlingen. Seltene Vögel begannen Nester zu bauen. In der Nacht tummelten sich Igel und viele andere Tiere im Gestrüpp. Bis heute berührt mich die unfassbare Liebe meiner Mutter zu ihrem Garten zutiefst, wenn sie mir bei jedem Besuch zu Hause mit unbändiger Freude und leuchtenden Augen eine Führung durch ihren Garten gibt.

Ich nahm als Kind deutlich den einen oder anderen irritierten oder sogar verurteilenden Blick und manchen spitzfindigen Kommentar von Gästen wahr, wenn meine Mutter sie durch ihren Garten führte.

Überall wucherte das Unkraut, die Wiese war kniehoch, Teile der Wiese durfte man nicht betreten, weil dort ganz besondere Blumen heranwuchsen. Nicht einmal mein Vater konnte mit dem Einwand, wo er denn jetzt bitte seinen Liegestuhl hinstellen solle, etwas daran ändern. Für viele war der Garten verwahrlost und unordentlich. Sicherlich kein Schönheitsbalkonpreisträger im herkömmlichen Sinn. Für mich gab es keinen schöneren Garten als den meiner Mama. Ich bewundere noch heute, dass sie trotz der Blicke und Kommentare immer mehr zur Gartenrebellin wurde. Vor allem musste ich schmunzeln, wenn andere sich bei ihr über die Nacktschneckenplage in ihren ordentlichen Gärten beschwerten, das gab es bei ihr nicht. In einem naturnahen Garten mit vielen natürlichen Fressfeinden haben Schnecken keine Chance.

Als Kind konnte ich die Tragweite dessen, was meine Mutter schon so früh begonnen hat, noch nicht fassen. Erst viele Jahre später, an der Universität für Bodenkultur, erkannte ich, was für eine Pionierin sie war. Medial wird das große Bienen- und Insektensterben erst seit wenigen Jahren thematisiert, lange nachdem sie bereits ihr eigenes kleines Naturschutzgebiet errichtet hatte. Damals wurde in den Medien immer wieder von „saurem Regen" berichtet, der dazu führen werde, dass unsere Wälder sterben. Ich erinnere mich an die Angst vor Ozonlöchern und dass man keine Spraydosen mehr verwenden sollte. Die Gründe, Auswirkungen und Tragweite dieser Probleme waren für mich damals noch absolut nicht greifbar.

Der Samen der Nachhaltigkeit

Inspiriert von der unermesslichen Freude meiner Mutter, habe ich sehr früh entschieden, alles für die Umwelt und ihre Lebewesen tun zu wollen und niemandem zu schaden. Sie pflanzte mit ihrer Liebe zur Natur den Samen der Nachhaltigkeit in mir, wenngleich mir der Begriff „nachhaltig" damals noch vollkommen unbekannt war. Als Kind hatte ich das Gefühl, nur einige wenige Dinge in meinem Leben bedenken zu müssen, um der Umwelt und den Tieren kein Leid zuzufügen: kein Fleisch essen, Biomilch und Fairtrade-Kaffee kaufen, im Garten das Unkraut wachsen lassen, keine Spraydosen verwenden, die das Ozonloch noch größer machen, und Recyclingpapier kaufen. Ich war felsenfest davon überzeugt, diese überschaubare Liste an Verhaltensweisen erfüllen zu können. Erst viel später stellte sich heraus, wie sehr ich mich damals getäuscht habe.

Vom Wunsch, wirklich nachhaltig zu sein

Vom Wunsch, wirklich nachhaltig zu sein

Mit dieser überschaubaren To-do-Liste im Gepäck fiel es mir als junger Erwachsenen recht leicht, nachhaltig zu leben. Es sollte jedoch noch eine ganze Weile dauern, bis ich das Konzept der Nachhaltigkeit in all seiner Komplexität und Vielschichtigkeit tatsächlich kennenlernte – um dann auch kläglich daran zu scheitern.

Nachdem ich 2005 die Schule abgeschlossen hatte, wollte ich mein Talent als Köchin zum Beruf machen. Die Liebe, mit der meine Mutter und Großmutter hervorragende Nahrungsmittel und Gerichte zubereiteten, hatte sich auf mich übertragen. Meine Mutter kochte alle Marmeladen und Säfte selbst aus den Früchten ihres wilden Gartens ein, meine Großmutter beherrschte am Bauernhof alte Künste wie das Stoßen von Butter oder das Selchen von Fleisch und Würsten. Das war inspirierend. In meiner Familie wurde immer großer Wert auf das gemeinsame Essen gelegt und so hatten Lebensmittel und Essen für mich etwas sehr Soziales. Da ich selbst Kartoffeln aus der Erde gegraben habe, versucht habe, Kühe zu melken, und für meine Mutter jeden Sommer gefühlte tausend Stunden Ribiseln (Johannisbeeren) pflücken musste, konnte ich eine tiefe Verbindung zur Wertigkeit von Lebensmitteln entwickeln. Ich wusste, wie viel Arbeit hinter jedem Lebensmittel steckt. Bereits das erste Pflichtpraktikum meiner Kochausbildung konfrontierte mich aber mit einer ganz anderen Realität: Die Schnitzel für die Tagesteller kamen fertig paniert und tiefgekühlt in einem riesigen Sack. Der Kartoffelsalat wurde fertig aus einem Kübel geschöpft. Halbvolle Teller viel zu großer Portionen wurden einfach weggeworfen. Das sei notwendig, wenn man einen Tagesteller um 6 Euro anbieten wolle, hieß es. Ich bemerkte: Professionelles Kochen hat nichts mit meinen Vorstellungen zu tun.

Die Wirtschaft und die Nachhaltigkeit

Auch wenn ich nicht mehr wirklich weiß, warum, beginn ich 2007 nach Abschluss meiner Kochausbildung – damals war ich zwanzig – Recht und Wirtschaft zu studieren. Als Prämisse der Betriebswirtschaftslehre galt und gilt: Wie kann man möglichst viel Geld verdienen und Gewinne maximieren? Wie kann die Wirtschaft immer weiterwachsen? Hier fragte sich scheinbar niemand, ob Kaffee fair gehandelt wurde oder Milchkühe glücklich waren. In dieser Zeit gab es medial und im Internet die ersten größeren Berichte über die katastrophalen Sweatshops in Asien, wo tausende Menschen für Hungerlöhne ausgebeutet werden, um unsere Technik und Kleider anzufertigen. Es gab Bilder von verendeten Elefanten, die für das Elfenbein ihrer Stoßzähne von Wilderern getötet wurden. Ausgehungerte und todkranke Kinder in Afrika. Tierarten, die vom Aussterben bedroht waren. Urwälder, die für Sojaplantagen niedergebrannt wurden. Doch davon war in den Vorlesungen nichts zu hören. Warum fand all das keinen Platz in einem Studium, dessen Absolvent*innen die wirtschaftlichen Prozesse der Zukunft gestalten werden? Wie sollte es möglich sein, – die so unbestreitbar nötige – Rücksicht auf die Umwelt zu nehmen, wenn sie nicht mal thematisiert wird? Mit jeder Vorlesung wurde mir mehr und mehr bewusst, warum es unglückliche Kühe und unfairen Kaffee gab. Zugleich war ich im Hörsaal umgeben von Menschen, die sich diese Fragen nicht stellten und die daran auch nichts ändern würden. Prozessoptimierung, Kostenminimierung und Effizienzsteigerung waren alles, was zählte. Die Umwelt hatte offensichtlich keinen Platz in der Wirtschaft. Das hat mich zutiefst bedrückt. Unterdessen wurde meine bis dahin noch kurze Liste an Verhaltensweisen, die nötig schienen, um der Umwelt nicht zu schaden, mit jedem Bericht von Tag zu Tag länger und unübersichtlicher. Ich erkannte, dass vor allem durch die Entwicklung der Wirtschaft und unseres Wohlstands überall auf dieser Welt Menschen, Umwelt und Tiere leiden mussten, und ich wusste nicht, was ich dagegen tun konnte. Das große Finale meiner damaligen Enttäuschung erlebte ich an jenem Tag, als ich den richtigen Raum für die Einführung in meinen rechtlichen Schwerpunkt suchte. Vorbei an riesigen überfüllten Hörsälen, in denen Studierende für Steuer- und Wirtschaftsrecht sogar schon am Boden sitzen mussten, fand ich endlich im letzten Eck den kleinen Raum für Umweltrecht. Bei freier Platzwahl mit nur zwei Kolleginnen begrüßte uns der Professor mit den Worten: *„Wenn ihr irgendwann in eurem Leben ein Haus und zwei Autos haben wollt, dann sitzt ihr jetzt im falschen Zimmer."*

Aus dem System aussteigen

Ich fühlte mich traurig und machtlos. In so einer Welt wollte ich nicht leben. Zu diesem System wollte ich nicht gehören. Also entschied ich mich dazu: Ich steige aus! Zwei Wochen nach Abschluss meines Studiums bezog ich mein neues Zuhause in einem autark lebenden Dorf im Süden von Portugal. Es war ein alter ausrangierter Zirkuswagen, der nur mit einem Bett, einem Schrank, einem Tisch und einem Stuhl ausgestattet war. Als ich die Tür öffnete, kreuchte und fleuchte jegliches Getier in die Ritzen und Ecken des Wagens. Ich nahm meinen ganzen Mut zusammen und hielt mir vor Augen, dass ich dieses einfache Leben tatsächlich wollte und dies nur ein verhältnismäßig kleiner Preis dafür war. Auf 34 Hektar Wald und Wiese lebte ich zusammen mit zwanzig Gleichgesinnten völlig autark ohne Strom und ohne fließendes Wasser inmitten der Natur. Wir arbeiteten täglich von Sonnenaufgang bis Sonnenuntergang an der Permakultur, den Wassergräben und den ökologischen Toilettenanlagen. Den Großteil unserer Zeit verbrachten wir damit, unsere eigene Ernährung zu gewährleisten. Was als Kind bei meiner Großmutter noch viel Spaß gemacht hatte, entpuppte sich dort als enorme Herausforderung. Noch nie in meinem Leben hatte ich körperlich so hart arbeiten müssen und schon nach drei Tagen machte ich mir beim Schlafengehen keine Gedanken mehr über das vielbeinige Getier in meinem Zirkuswagen, weil ich hundemüde und erschöpft sofort einschlief. Alles um mich herum war im Einklang mit der Natur, so fiel es mir leicht, der Umwelt nicht zu schaden. Alles schien perfekt in meiner kleinen Welt.

Doch bloß, weil ich mich hier im Süden Portugals versteckte, würden sich die Probleme da draußen in der weiten Welt nicht lösen. Ungeachtet der Versuche einiger weniger Engagierter, mit dem bestehenden System zu brechen, wird der Urwald weiterhin gerodet, werden Kinder ausgebeutet und Elefanten getötet. Die Wirtschaft und der Konsum werden auch ohne mich wachsen, koste es, was

es wolle. Es dauerte nur wenige Wochen, bis ich spürte, dieser Mikrokosmos wird mir auf Dauer nicht reichen. Ich muss außerdem eingestehen, dass mir mein gewohnter Wohlstand und Lebensstandard fehlten. Damit meine ich nicht nur einfache Dinge wie Elektrizität und fließendes warmes Wasser zum Duschen, sondern auch den Luxus, mir an manchen Abenden mein Essen nicht mühsam am Feld verdienen zu müssen, sondern mir einfach faul eine Pizza auf die Couch liefern lassen zu können. Da wusste ich: Nur aus dem System auszusteigen war nicht die richtige Lösung für mich. Nach sechs Wochen verließ ich das Dorf wieder.

Zurück in der „echten" Welt, wollte ich mich jedoch nicht damit abfinden, dass mein Bedürfnis nach Wohlstand und der Schutz der Umwelt nicht vereinbar sein sollten. Es muss doch möglich sein, einen angenehmen Lebensstandard zu haben, ohne dafür die Umwelt, Menschen und Tiere ausbeuten zu müssen. Ich wollte mich angesichts meiner immer länger werdenden Listen der Erfordernisse eines umweltfreundlichen Lebens nicht mehr machtlos fühlen. Um zu lernen, wie ich die Umwelt trotz Konsum schützen kann, begann ich im Jahr 2010 Umwelt- und Bioressourcenmanagement an der Universität für Bodenkultur in Wien zu studieren. Ich wollte lernen, Umweltschutz und Konsum in Einklang zu bringen, und mehr zu gesundem Wachstum erfahren. Nach dem Wirtschaftsstudium war es eine Wohltat für mich, von so vielen Idealist*innen umgeben zu sein, die alle die Welt ein kleines Stück besser machen wollten. Etwa zu dieser Zeit lernte ich auch endlich den Begriff und das Konzept von Nachhaltigkeit wirklich kennen.

WAS BEDEUTET EIGENTLICH NACHHALTIGKEIT?

„Nachhaltige Entwicklung ist eine Entwicklung, die den Bedürfnissen heutiger Generationen Rechnung trägt, ohne die Möglichkeiten zukünftiger Generationen zu gefährden, ihren eigenen Bedürfnissen nachzukommen."
– UN World Commission on Environment and Development 1983

Diese Definition aus dem Bericht *Our Common Future* der Brundtland-Kommission ist im wissenschaftlichen Kontext die wohl anerkannteste. Was dieser abstrakte Satz genau bedeutet, bleibt leider – wie es in Zusammenhang mit dem Konzept der Nachhaltigkeit so häufig der Fall ist – offen für weitreichende Interpretationen. Den größten Aha-Effekt verschaffte mir das „Drei-Säulen-Modell der Nachhaltigkeit". Dieses Modell beruht auf der Annahme, dass nachhaltige Entwicklung nur möglich ist, wenn ökologische, soziale und wirtschaftliche Ziele gleichzeitig und gleichberechtigt umgesetzt werden. Was heißt das genau? Alle Akteur*innen – sprich

Menschen, Unternehmen oder Staaten – müssen alle drei Bereiche bei jeder Handlung als gleichwertig ansehen, da sie nur miteinander langfristig und damit nachhaltig funktionieren können. Kommt eine der Säulen zu kurz, entsteht langfristig ein Ungleichgewicht.

Die ökologische Säule umfasst die wohl bekanntesten Aspekte der Nachhaltigkeit: Schutz der Umwelt, Schonung natürlicher und begrenzter Ressourcen, Förderung von Biodiversität und Wasserqualität und die Reduktion von CO_2-Emissionen. Kurzum: Der Umwelt soll kein irreparabler Schaden zugefügt werden und es sollen nicht mehr Ressourcen entnommen werden, als die Erde nachproduzieren kann. Ein gutes Beispiel hierfür ist die biologische Milch, die ich schon als Kind auf meiner Liste hatte. Bei der ökologischen Landwirtschaft geht es nicht nur darum, die Natur mit so wenig Pestiziden wie möglich zu belasten, sondern auch die Boden- und Wasserqualität zu sichern und zu verbessern, alte Rassen und Sorten von Obst und Gemüse zu fördern, Tiere artgerecht zu halten oder durch Blühstreifen einen Lebensraum für Insekten zu schaffen.

Bei der sozialen Säule steht der Mensch mit seinen Grundbedürfnissen im Mittelpunkt. Hier geht es zuallererst um Grundlegendes wie den Erhalt von Frieden, das Verbot von Kinder- und Zwangsarbeit, Gleichberechtigung und Antidiskriminierung. Arbeitsplätze sollen gesund und sicher sein. Löhne müssen fair sein. Es geht aber auch um regionale Entwicklung und Wertschöpfung, wie man beispielsweise das Leben am Land lebenswert halten kann. Ein gutes Beispiel hierfür ist fair gehandelter Kaffee. Produkte, die beispielsweise mit dem Fairtrade-Siegel ausgezeichnet sind, kommen aus dem Globalen Süden. Das Siegel dient Konsument*innen als Versprechen, dass bei der Erzeugung keine Kinder- oder Zwangsarbeit erlaubt ist und die Gesundheit der am Anbau Beteiligten geschützt wird. Produzent*innen erhalten für ihre Ware einen fairen und stabilen Preis, der ihre Existenz absichert.

Selten hört man im öffentlichen Diskurs zum Thema Nachhaltigkeit von der ökonomischen Säule – der dritten und ebenso wichtigen in diesem Modell. Das ist umso bemerkenswerter, als gerade die Wirtschaft und der Konsum meist als *der* Ursprung allen Übels angesehen werden. Eine Wirtschaftsweise ist aber nur dann nachhaltig, wenn sie dauerhaft betrieben werden kann. Wenn die Produktion von sozial gerechten oder biologischen Waren nicht auf einem funktionierendem Geschäftsmodell basiert und Umsatz generieren kann, ist sie langfristig wirtschaftlich nicht überlebensfähig und damit auch nicht nachhaltig.

Viele Menschen denken bei dem Wort Nachhaltigkeit nur an die ökologische Säule. Das greift jedoch zu kurz, wenn man Nachhaltigkeit – im Sinne des Drei-Säulen-Konzeptes – als Zielsetzung begreift, die langfristig stabile schädigungsfreie (Lebens-)Prozesse anstrebt. Um dieses Ziel zu erreichen, darf keiner der genannten Bereiche außer Acht gelassen werden. Überspitzt formuliert, rechtfertigen ökologische Ziele nicht die Ausbeutung von Menschen. Kinder- und Zwangsarbeit zum Schutz der Natur wären für uns undenkbar. Andersherum darf soziale Gerechtigkeit nicht dazu führen, die Natur auszubeuten. Hier geht es stark um den Diskurs, dass auch der Wohlstand von Menschen, die derzeit noch in Armut leben, verbessert werden muss. Allerdings leben wir jetzt schon längst über der Belastungsgrenze der Umwelt. Ökonomische Zielsetzungen standen und stehen bis heute oftmals im Zentrum unserer Gesellschaft. Wirtschaftliches Wachstum soll das Wohlbefinden der Menschen im eigenen Land erhalten und weiterhin fördern. Ich habe bereits in meinem Wirtschaftsstudium gelernt, dass dafür oftmals die Umwelt, Menschen und Tiere schonungslos ausgebeutet werden. Dank des Berichts *Die Grenzen des Wachstums* vom *Club of Rome* wissen wir aber schon heute, dass dies nur noch wenige Jahrzehnte möglich sein wird, bis unsere Ressourcen erschöpft sind. Ziel der Nachhaltigkeit ist es, dass der wirtschaftliche Wohlstand weiterhin gefördert werden kann, ohne dass die ökologischen oder sozialen Aspekte darunter leiden müssen, und auch zukünftige Generationen noch ausreichend Ressourcen zur Verfügung haben. Gemäß diesem Ansatz dürfen wir Geld, Wachstum und Konsum nicht einfach nur verteufeln, sondern müssen sie dringend in das Gesamtkonstrukt der Nachhaltigkeit integrieren.

Der Eisberg Nachhaltigkeit

Das „Drei-Säulen-Modell der Nachhaltigkeit" hat mir gezeigt, dass es langfristig nicht sinnvoll ist, ökologische und soziale Maßnahmen nur durch Subventionen umzusetzen, die durch Steuern und Abgaben von zerstörerischem wirtschaftlichen Wachstum finanziert werden. Was es braucht, sind ökosoziale Produkte und Dienstleistungen, die sich langfristig auch wirtschaftlich selbst tragen können. Das Studium an der Universität für Bodenkultur hatte zum Ziel, ein gutes Verständnis für die komplexen Zusammenhänge und Wechselbeziehungen von Mensch, Umwelt und Technik zu etablieren – sowohl auf betrieblicher als auch auf gesellschaftlicher Ebene. Es sollte einen Überblick geben über Disziplinen, die zur Entwicklung einer zukunftsfähigen, nachhaltigen Gesellschaft benötigt werden. So hatte ich Vorlesungen zu den verschiedensten umweltrelevanten Themengebieten wie Klima, Wasser, Abfall, Energie, regionale Entwicklung, Biodiversität, Landnutzung, Mobilität, Verkehr und Boden. Auch wenn ich durch das Studium einen guten Überblick dafür bekommen habe, was ich in meinem Bestreben alles bedenken musste, wurde jeder dieser Bereiche nur oberflächlich berührt. Jede einzelne sich damit beschäftigende Disziplin für sich ließ unendliche Tiefen erahnen. Unzählige Aspekte, über die ich mir bislang noch keine Sorgen gemacht hatte, weil ich nicht einmal wusste, dass sie überhaupt existieren. Dadurch hatte ich nach dem Studium immer noch das Gefühl, sicher zu wissen, dass ich nichts weiß.

Also weiter, dieses Mal nach England, um einmal mehr zu studieren. Immer noch hatte ich die Hoffnung, so endlich die Antworten auf all meine Fragen zu finden. Ich wollte zurück zu meinen Wurzeln und mich auf die Produktion von biologischen und fair gehandelten Lebensmitteln spezialisieren, die allen drei Säulen der Nachhaltigkeit gerecht werden.

Bei meinem Studium Design and Innovation for Sustainability, auf Deutsch nachhaltiges Produktdesign, ging es weniger darum, wie das Produkt aussieht, sondern vielmehr darum, wie ein Produkt nachhaltiger produziert werden kann. Das war einerseits die Überlegung, wie ich Produkte schonender und mit weniger Ressourcen produzieren kann, und andererseits, wie Produkte Menschen dabei unterstützen können, nachhaltiger zu leben. Ein Beispiel dafür ist eine smarte Heizung, die automatisch erkennt, wann jemand zu Hause ist, und dementsprechend selbstständig die Temperatur anpasst. Dadurch kann es nicht mehr passieren, dass man versehentlich den ganzen Tag oder vielleicht sogar den ganzen Urlaub hindurch mehr heizt, als tatsächlich notwendig ist. Durch Ansätze wie diesen wird ein nachhaltiger Energiekonsum automatisiert und intelligent in das eigene Leben integriert, ohne dass man sich ständig Gedanken darüber machen muss. Ich war begeistert von diesem Ansatz. Bewusstseinsbildung in der breiten Bevölkerung – beispielsweise zum energieeffizienten Heizen – ist zwar essenziell für die Nachhaltigkeit. Doch noch viel größer ist das Potenzial von intelligentem Produkt- und Dienstleistungsdesign, die Menschen dabei unterstützen, ein nachhaltigeres Leben zu führen, ohne dass sie sich täglich damit beschäftigen müssen.

Ich war fasziniert davon, wie praxisorientiert mein drittes Studium war. Abseits von bloßer Theorie, wie alles sein sollte, ging es hier nun um die Umsetzung in der Praxis. Ein wesentlicher Teil beschäftige sich mit dem Gedanken, dass man Produkte im Sinne der Nachhaltigkeit nicht an den aktuellen Vorstellungen von Konsument*innen vorbei designen kann. Das klingt vielleicht kryptisch, ist aber anhand von einem Beispiel leicht erklärt. Die Produktentwicklerin einer sehr bekannten Smoothie-Marke hat bei uns einen Vortrag gehalten und uns von ihren nachhaltigen Betriebsprozessen erzählt. Doch die Verpackung stellt bis heute eine ihrer größten Herausforderungen dar. Die Flasche des Smoothies wird aus 400 Prozent mal so viel Plastik hergestellt, als es für die Produktsicherheit und den Transport notwendig wäre. Wir Menschen sind aber darauf konditioniert, dass ein festeres Material auch eine höhere Wertigkeit und damit einhergehende Qualität bedeutet. So empfinden wir bis heute oftmals Produkte in Glas automatisch wesentlich wertiger als die in Plastik. Würden die Smoothies in Plastikflaschen abgefüllt, die nur die für die Produktsicherheit notwendige Menge an Plastik aufweisen, wäre die Flasche so weich wie beispielsweise eine günstige Sodaplastikflasche. Die Haptik dieses dünnen Materials würde bei Konsument*innen unterbewusst jedoch sofort die Wertigkeit des Inhalts mindern und der

Verkauf als Premiumprodukt wäre unmöglich. Dies ist aber nur selten eine bewusste Entscheidung von Konsument*innen, sondern eine unterbewusste Konditionierung, die mir erst ab diesem Moment so richtig bewusst wurde. Produkte im Supermarktregal bekommen von uns nur einen Bruchteil einer Sekunde Aufmerksamkeit und unser Gehirn entscheidet anhand einer Vielzahl von Faktoren, wie wir ein bestimmtes Produkt wahrnehmen.

So spannend diese Einblicke in die menschliche Psyche und ihr Konsumverhalten für mich auch waren, umso herausfordernder schien es mir, ein klares und strukturiertes Bild von einem nachhaltigen Leben zu entwickeln. Denn die Festigkeit von Materialien und unsere Konditionierung im Zusammenhang mit Wertigkeit war auch wieder nur einer von unzähligen Aspekten, die man bedenken musste, und so stieg die Komplexität weiter ins Unermessliche. Meine Hoffnung, dass ein weiteres noch tiefgreifenderes Studium im Bereich Nachhaltigkeit mir dabei helfen würde, endlich zu verstehen, was es bedeutet, ein wirklich nachhaltiges Leben zu führen, schwand von Tag zu Tag mehr. Jede Vorlesung brachte mehr Faktoren, Wissen, Konsequenzen, Blickwinkel, Aspekte und Disziplinen mit sich, die ich bedenken müsste. Ich verlor den Überblick. Nachhaltigkeit wurde zu einem enormen Konstrukt, ich wusste nicht mehr, wo beginnt es und wo endet es. Es war mittlerweile unmöglich geworden, alles an nachhaltigen Verhaltensweisen in einer übersichtlichen und überschaubaren Liste anzuführen.

Zusätzlich habe ich neben meinen Studien auch für Umweltschutzvereinigungen gearbeitet, einschlägige Medien verfolgt und unzählige wissenschaftliche Artikel rund um das Thema Nachhaltigkeit gelesen. Täglich kam Neues hinzu, worüber ich mir Sorgen machen musste. Mir wurde bewusst, dass ich als Kind nur die Spitze des Eisbergs gesehen hatte: die biologische Milch von glücklichen Kühen und den fairen Kaffee. Heute wage ich nicht einmal mehr zu behaupten, dass ich weiß, was ich alles noch nicht weiß. Welche unüberschaubare Größe dieser Berg tatsächlich hat. Wie tief er ist. Wie allumfassend. Je mehr ich mich mit Nachhaltigkeit beschäftigte, desto bewusster wurde mir, dass es nicht einige wenige Verhaltensweisen sind, auf die ich achten musste, sondern dass vielmehr jede einzelne Handlung, die ich treffe, eine Auswirkung darauf hat, wie nachhaltig ich tatsächlich lebe.

Jetzt übertreibst du aber!
Wie sehr sehne ich mich manchmal zurück nach der überschaubaren kurzen Liste der kleinen Cornelia, denn meine aktuelle Liste würde hier nun definitiv den Rahmen sprengen. Klingt übertrieben? Um es deutlicher zu machen, bis in wie viele unzählige Details unseres Alltags die Anforderungen an nachhaltiges Leben reichen, möchte ich hier nur einige wenige Fragen formulieren, die ich mir allein an einem einzigen Morgen – vom Aufstehen bis zu dem Moment, in dem ich das Haus verlasse – stellen müsste:

1. Welches Gerät weckt mich auf und wer hat es wo unter welchen Umständen aus welchen Ressourcen hergestellt?

2. Aus welchem Material ist mein Bett? Meine Matratze?

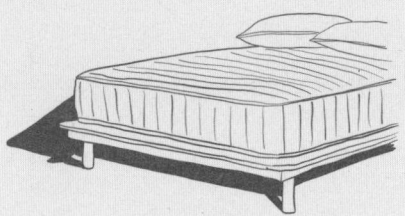

3. Womit sind meine Decke und mein Kissen gefüllt?

4. Womit wasche ich meine Bettwäsche?

5. Mit wie viel Grad wasche ich meine Bettwäsche?

6. Sind Weichmacher in meinem Waschmittel?

7. Ist meine Bettwäsche luftgetrocknet oder verwende ich den Wäschetrockner?

8. Auf wie viel Grad heize ich in meinem Schlafzimmer?

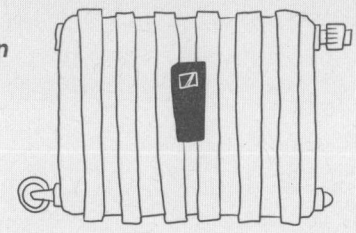

9. Welche Bohnen verwende ich für meinen Kaffee?

10. Nehme ich dazu regionalen Biozucker oder lieber fair gehandelten Zucker aus dem Globalen Süden?

11. Verwende ich Kuhmilch für meinen Kaffee oder eine pflanzliche Alternative?

12. Wenn ich Kuhmilch verwende, kaufe ich biologische?

13. Kaufe ich Kuhmilch im Tetra Pak oder in der Ein- oder Mehrweg-Glasflasche?

14. Wenn ich eine pflanzliche Alternative verwende, nehme ich Sojamilch aus Brasilien, Mandelmilch aus Kalifornien oder doch lieber Dinkelmilch aus Österreich?

15. Werfe ich die Milchverpackung in den Restmüll, oder recycle ich?

16. Kaufe ich sie bei einem großen Konzern oder bei meinem Greißler ums Eck?

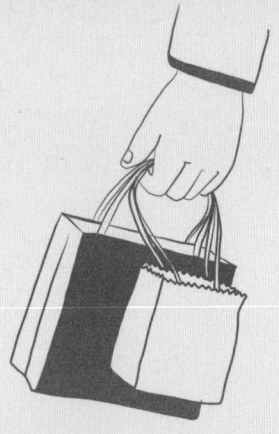

17. Lese ich die Zeitung in Papier oder am Tablet / Handy?

18. Wer bringt mir unter welchen Bedingungen meine Zeitung?

19. Was frühstücke ich?

20. Woher kommt die Marillenmarmelade auf meinem Brot?

21. Was mache ich mit hart gewordenem Brot?

22. Schmeiße ich die gerade erst abgelaufene Butter weg?

23. Ist das Obst in meinem Smoothie regional, saisonal und biologisch?

24. Wie und wo entsorge ich meinen Kaffeesatz und Biomüll?

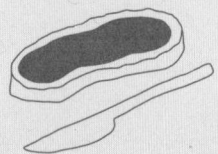

25. **Welches Geschirrspülmittel verwende ich?**

26. **Wasche ich mit der Hand ab oder verwende ich einen Geschirrspüler?**

27. **Schalte ich den Geschirrspüler erst ein, wenn er ganz voll ist?**

28. **Verfügt mein Geschirrspüler über einen Eco-Modus und verwende ich ihn auch?**

29. **Sind mein Geschirrspüler, Herd und Kühlschrank energieeffizient oder schon uralt?**

30. **Tausche ich alte elektronische Geräte auf energieeffiziente Modelle um, obwohl sie noch einwandfrei funktionieren?**

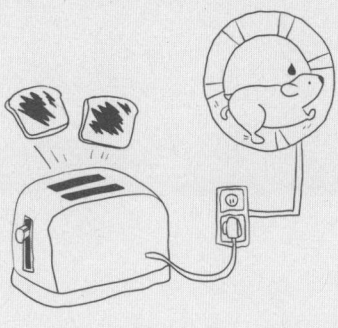

31. **Wie entsorge ich alte Elektrogeräte?**

32. **Welche Art von Stromerzeugung verwende ich?**

33. **Wie heize ich meinen Wohnbereich?**

34. *Wie erzeuge ich heißes Wasser?*

35. *Wie lange dusche ich?*

36. *Lasse ich das Wasser laufen, während ich mich shampooniere?*

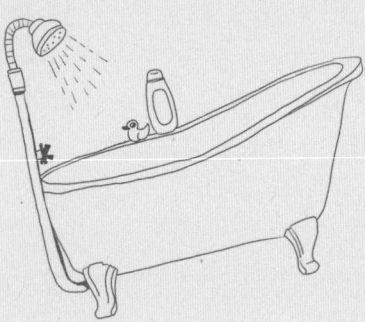

37. **Welches Duschgel und Shampoo verwende ich?**

38. **Enthalten meine Hygieneprodukte Parabene oder Mineralöl?**

39. **Hat meine Hautpflege hormonell aktive Inhaltsstoffe?**

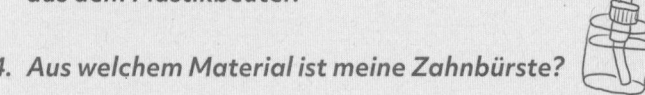

40. *Ist sie vegan?*

41. *Wurde mein Make-up an Tieren getestet?*

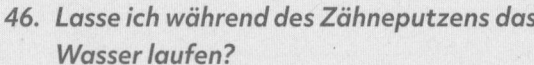

42. *Verwende ich zertifizierte Naturkosmetik?*

43. *Verwende ich ein unverpackte gekaufte Handseife oder doch lieber eine Flüssigseife aus dem Plastikbeutel?*

44. *Aus welchem Material ist meine Zahnbürste?*

45. *Wo wurde sie produziert?*

46. *Lasse ich während des Zähneputzens das Wasser laufen?*

47. *Laufen meine Elektrogeräte wie Radio, Fernseher und Co immer auf Stand-by?*

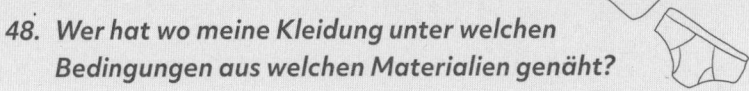

48. Wer hat wo meine Kleidung unter welchen Bedingungen aus welchen Materialien genäht?

49. Ist meine Unterwäsche aus Bio-Fairtrade-Baumwolle?

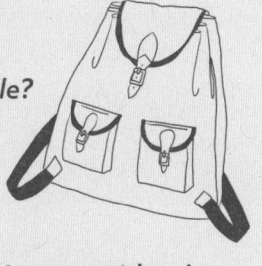

50. Trage ich Leder, Pelz, Daunen oder Wolle?

51. Wer hat meinen Rucksack aus welchen Materialien gemacht?

52. Wer hat wo meinen Laptop und mein Handy aus welchen Materialien unter welchen Umständen gebaut?

53. Kann man meine Elektrogeräte reparieren oder müssen sie immer gesamt ausgetauscht werden?

54. Wie oft kaufe ich mir ein neues Handy?

55. Wer hat meinen Modeschmuck oder meine Armbanduhr gebastelt?

56. Wer hat wo das Gold und/oder Silber meines Schmucks unter welchen Umständen wo abgebaut?

57. Drehe ich vor dem Verlassen der Wohnung die Heizung zurück?

58. Nehme ich mir Kaffee in einem Thermobecher von zu Hause mit oder kaufe ich mir unterwegs einen To-go-Kaffee im Einwegplastikbecher?

59. Wie komme ich zur Arbeit?

Eine kleine Momentaufnahme von unzähligen Konsequenzen. Man möchte meinen, dass ich aufgrund meiner jahrelangen Bemühungen bereits auf jede dieser Fragen die nachhaltige Antwort in meinem Leben umgesetzt habe. Weit gefehlt. Ich treffe noch immer unzählige falsche Entscheidungen. Gar nicht daran zu denken, was es in Anbetracht meines Lebens alles zu tun gäbe. Wie oft ich trotz meines Wissens mit meinen Entscheidungen der Umwelt, Menschen und Tieren großes Leid zugefügt habe. Manchmal bin ich an der mangelnden Verfügbarkeit nachhaltiger Alternativen gescheitert. Verzicht wäre meine einzige Alternative gewesen. In diesen Fällen bin ich schließlich meist an meiner Selbstdisziplin gescheitert. Die Vielzahl an guten Vorsätzen hätte mich in ein Leben voll Verzicht gedrängt. Verzicht, der nicht einmal in einem autarken Dorf in Portugal leichtfällt und schon gar nicht in einer Welt voller Konsumversuchungen. Leider verhielt es sich mit der Nachhaltigkeit bei mir nicht wie mit dem Vegetarismus, dass irgendwann einfach der Schalter fliegt und sich nichts mehr wie Verzicht anfühlt. Auch ich wurde immer wieder schwach und wollte einen gewissen Wohlstand. Ich habe mir *schöne* Kleidungsstücke gekauft, die mit hoher Wahrscheinlichkeit in einem Sweatshop hergestellt wurden. Ich hatte Handys und Laptops. Ging in Restaurants essen, wo ich keine Ahnung hatte, wo und wie die Lebensmittel erzeugt wurden. Habe mir im Urlaub Kaffee von Konzernen gegönnt, von denen ich weiß, dass sie Menschen ausbeuten. Und mit jeder dieser Handlungen wurde mein schlechtes Gewissen ein kleines Stück größer. Immer wieder war ich von mir selbst zutiefst enttäuscht. Ich sollte es doch (nach drei Studien und einer Berufsausbildung) eigentlich besser wissen! Oder?

Das war noch lange nicht alles

Selbst wenn man sich bemüht und es schafft, die nachhaltigere Entscheidung zu treffen, hat man es noch lange nicht geschafft. Bei den Bemühungen um Nachhaltigkeit treten nämlich bestimmte Effekte und Nebenwirkungen auf, die eine oft mühsam errungene Verbesserung wieder nichtig machen. Manche davon sind sogar so schlimm, dass es besser gewesen wäre, man hätte einfach gar nichts getan.

Beginnen möchte ich mit dem etwas sperrigen Begriff des „Zielkonflikts". Ein Zielkonflikt entsteht, wenn unterschiedliche Möglichkeiten, nachhaltig zu agieren beziehungsweise Belastungen zu vermeiden, gegeneinander abgewogen werden müssen. Ein Beispiel: Verwende ich für meinen Frühstückskaffee besser regionalen biologischen Rübenzucker oder doch lieber fair gehandelten Zucker aus Südamerika? Der regionale Rübenzucker besticht durch die kurzen und damit umweltfreundlichen Transportwege, schafft Wertschöpfung in der Region und stärkt die österreichische Landwirtschaft. Der biologische Anbau hat zudem einen positiven Einfluss auf die Boden- und Wasserqualität sowie die Biodiversität. Fair gehandelter Zucker aus Südamerika unterstützt auf Basis fairer Preise und geregelter Arbeitsverhältnisse die Entwicklung des Globalen Südens. Er leistet einen wesentlichen Beitrag zu weniger Zwangs- und Kinderarbeit und die fairen Preise ermöglichen einen Wohlstandswachstum. Welches dieser Ziele ist nun wichtiger?

Noch viel komplexer wird diese Thematik beim Schutz von indigenen Völkern und von aussterbenden bedrohten Tierarten. Der Konsum der westlichen Welt hat dazu geführt, dass bereits eine Vielzahl an Tierarten ausgestorben ist. Einerseits durch den Konsum des Tieres selbst – oder Teilen davon – und andererseits durch die Zerstörung ihres natürlichen Lebensraums. Mittlerweile werden deshalb bestimmte Tierarten und Gebiete unter Schutz gestellt. Für manche indigene Völker haben aber der Konsum mancher dieser Tiere oder die Abholzung von Teilen des Regenwaldes eine oftmals lebensnotwendige Funktion und ein Verbot wäre auch ein Eingriff in ihre Integrität oder Religionsfreiheit. Der Schutz der Integrität indigener Völker sowie von bedrohten Pflanzen und Tieren sind wesentliche Ziele, die häufig nicht miteinander vereinbar sind.

Ein weiteres Beispiel für bestehende Zielkonflikte zwischen Ökologie und den sozialen Aspekten von Arbeit für die Gesellschaft zeigte sich auch in der Corona-Krise beim Flugzeughersteller Airbus. Airbus kündigte im Sommer 2020 an, dass sie aufgrund der starken Flugrückgänge in Zeiten von Corona eine sehr niedrige Auftragslage hätten – der Bedarf nach neuen Flugzeugen sei stark zurückgegangen –, deshalb müssten sie in ihren Werken tausende Menschen kündigen. In den Medien sorgte das für große Aufregung, die Gewerkschaften in Deutschland, Frankreich und Österreich wollten dagegen vorgehen. Andererseits hat sich aber in der Gesellschaft auch bereits etabliert, dass Flugzeuge katastrophale Auswirkungen auf die Umwelt haben. Es sollten demnach prinzipiell weniger Menschen mit dem Flugzeug reisen. Dies würde langfristig dazu führen, dass der Bedarf nach Flügen und damit auch nach neuen Flugzeugen sinkt. Großartig für die Umwelt. Doch was manche an dieser Stelle vielleicht nicht bedenken, ist, dass wie zu Corona-Zeiten tausende Menschen dadurch auch ihren Job verlieren werden. Von Flugzeugherstellern wie Airbus über Bodenpersonal am Flughafen bis hin zu Pilot*innen und Flugbegleiter*innen. Die ökologischen Vorteile von weniger Flugverkehr führen zumindest kurzfristig zu negativen Auswirkungen in der sozialen Nachhaltigkeit und wurden deshalb auch von mehreren Staaten durch Förderungen in Millionenhöhe ausgeglichen.

Daneben gibt es noch die Problematik des *burden-shifting*, also der Lastenverschiebung. Dieser Effekt tritt häufig bei grundsätzlich gut gemeinten Aktionen im Namen der Nachhaltigkeit auf, die an anderen Stellen zu noch viel schlimmeren Umweltauswirkungen führen. Ein gutes Beispiel hierfür ist das seit einiger Zeit heftig in Kritik geratene Palmöl. Palmöl ist extrem vielseitig einsetzbar und findet sich mittlerweile sowohl in unserer Tiefkühlpizza als auch in unserem Waschmittel. Die industrielle Verwendung von Palmöl in unzähligen Produkten führte dazu, dass in Südostasien riesige Regenwaldflächen gerodet werden, um darauf Palmöl anzubauen. Das bedroht nicht nur viele Tierarten, sondern führt auch auf sozialer Ebene zu Landnutzungskonflikten zwischen der einheimischen Bevölkerung und den großen Konzernen. Sprich: Palmöl wirkt sich sowohl auf die ökologische als auch auf die soziale Säule der Nachhaltigkeit negativ aus. Seit diese Konsequenzen medial bekannter wurden, wollten immer mehr Menschen Palmöl meiden und forderten Konzerne über Petitionen und Proteste dazu auf, kein Palmöl in ihren Produkten zu verwenden. Viele Lebensmittelproduzent*innen reagierten darauf und ersetzten das Palmöl in ihren Produkten mit anderen pflanzlichen Ölen. Das Problem ist in diesem Fall aber, dass sich die Ölpalme im Vergleich zu anderen

Ölfrüchten durch einen besonders hohen Ertrag pro Hektar auszeichnet. Besonders schlimm ist der Umstieg auf das gerade sehr beliebte Kokosöl, das ebenfalls vor allem in Südostasien angebaut wird. Kokosöl benötigt für die gleiche Menge Öl eine 1,5-fach größere Anbaufläche und führt damit langfristig zu wesentlich schlimmeren Auswirkungen auf die Umwelt, als Palmöl es je hätte. Der unüberlegte Ersatz von Palmöl durch andere Pflanzenöle löst das Problem nicht, sondern verlagert und verschlimmert es nur und so kommt es zum sogenannten *burden-shifting*.

Auch die guten Intentionen hinter Elektrofahrrädern fielen dem *burden-shifting* zum Opfer. Bei der Entwicklung der Elektrofahrräder hatte man die Hoffnung, dass durch die neuen Annehmlichkeiten mehr Menschen zum Verzicht auf ihr Auto bewegt werden können. Stattdessen sind aber mehr und mehr Radfahrer*innen, die ihr Fahrrad bisher superökologisch mit Muskelkraft betrieben haben, auf Elektrofahrräder umgestiegen. Durch die eingebauten Akkus – sowohl durch die notwendigen Ressourcen als auch die Herstellung – und den notwendigen Strombedarf sind sie eine viel stärkere Umweltbelastung als die davor verwendeten normalen Fahrräder. So blieb der gewünschte Effekt weitestgehend aus und die guten Intentionen führten zu noch mehr Umweltbelastungen.

Zu guter Letzt möchte ich aus der Vielzahl an komplexen Kausalitäten der Nachhaltigkeit noch den direkten und indirekten *Rebound-Effekt* erklären. Die erhöhte Nachfrage nach einem Produkt führt in der Industrie langfristig meistens auch zu einer Effizienzsteigerung in der Produktion. Dadurch können bei der Herstellung wertvolle Energie und Ressourcen eingespart werden. Die Produktion wird dadurch günstiger und die Produkte können Kund*innen zu einem billigeren Preis angeboten werden. Ein gutes Beispiel dafür ist das Auto. Die Herstellung wird durch die stetig wachsende Effizienzsteigerung in der Automobilindustrie immer kostengünstiger. So können auch größere Modelle zu einem immer niedrigeren Preis verkauft werden. Das kann dazu führen, dass Menschen sich das nächstgrößere Modell eines Autos leisten können, das wiederum einen höheren Treibstoffverbrauch zur Folge hat. Der erhöhte Verbrauch der umlaufenden Fahrzeuge macht die Effizienzsteigerungen und Energieeinsparungen bei der Herstellung wiederum zunichte – ein solcher Fall wird als direkter Rebound-Effekt bezeichnet.

Zum indirekten Rebound-Effekt kommt es zum Beispiel beim Bau energieeffizienter Häuser. Grundsätzlich sollte damit eine Senkung des eigenen Energieverbrauchs einhergehen. Die daraus resultierende Senkung der Energiekosten führt aber auch dazu, dass den Bewohner*innen dieser Häuser in Relation mehr Geld übrig bleibt, das sie dann für anderen Konsum verwenden können. Sprich, durch die niedrigere Stromrechnung hat man plötzlich mehr Geld zur Verfügung für ein neues Handy. Dieser Konsum von anderen Gütern führt dazu, dass die primäre Senkung des Energieverbrauchs durch den Bau des energieeffizienten Hauses wieder aufgehoben wird. Im schlimmsten Fall kommt es zu einem sogenannten „Backfire". Das heißt, dass durch den Rebound-Effekt – egal ob direkt oder indirekt – nicht nur die Senkung des Energieverbrauchs aufgehoben wird, sondern zusätzlich ein noch viel höherer Energieverbrauch verursacht wird. Investiert man die bei der Stromrechnung ersparten 200 Euro in einen Städtetrip mit dem Flugzeug, kommt es zu einer wesentlich stärkeren Umweltbelastung, als es die 200 Euro höhere Energierechnung gewesen wäre. Das wichtigste Beispiel für den Backfire-Effekt sind Computer. Die Effizienzsteigerung ihrer Rechenleistung führt exponentiell zu immer mehr und neuen Anwendungsgebieten. Dadurch kommt es aber auch zu einem massiven Anstieg von Serverfarmen und dem damit verbundenem Energieaufwand für die Rechenleistung und die Kühlung.

Wer nun glaubt, dass die knapp sechzig Fragen von meiner morgendlichen Stunde und die komplexen Effekte der Nachhaltigkeit schon sehr fordernd und viel sind, dem möchte ich nun zeigen, was passiert, wenn man sich auch nur einen einzigen Punkt aus meiner oben angeführten Liste etwas genauer ansieht. Dafür nehmen wir die Marillenmarmelade auf meinem Frühstücksbrot. Nachhaltige Marillenmarmelade herzustellen sollte doch relativ einfach sein. Nichts ist, wie es scheint …

Wusstest du, dass ... Videostreaming allein 2018 mehr als 300 Millionen Tonnen CO_2-Äquivalent verursacht hat?

Dies entspricht der Menge, die das Land Spanien pro Jahr gesamt ausstößt. 80 Prozent unseres globalen Datenvolumens sind Videodaten. Davon werden etwa ein Drittel durch On-Demand-Dienste wie Netflix und Amazon Prime verursacht. Diese 100 Millionen Tonnen CO_2-Äquivalent entsprechen dem Jahresausstoß 2017 von ganz Griechenland. Weitere 27 Prozent Videostreaming sind pornografische Videos, 21 Prozent Videoplattformen wie YouTube und 18 Prozent Videos auf Social-Media-Pattformen wie Facebook und Instagram.

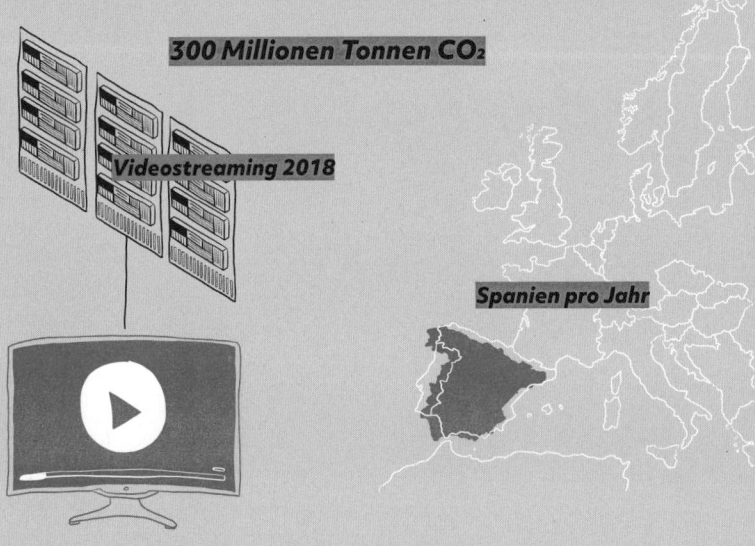

300 Millionen Tonnen CO_2

Videostreaming 2018

Spanien pro Jahr

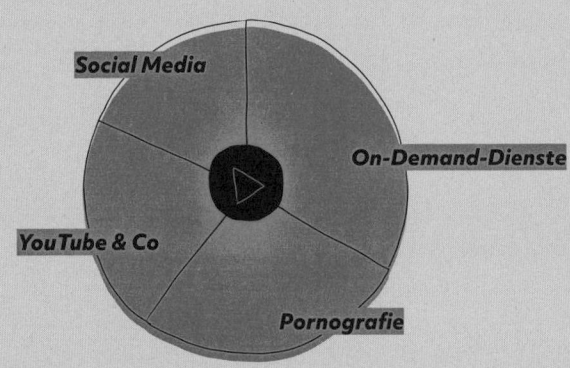

Social Media

On-Demand-Dienste

YouTube & Co

Pornografie

Wirklich nachhaltige Marillenmarmelade

Wirklich nachhaltige Marillenmarmelade

Im Jahr 2012 stand ich mit Sicherheitshandschuhen und einer Atemschutzmaske mitten in 1,5 Tonnen Restmüll. Einen Müllsack nach dem anderen zerlegte ich in seine Einzelteile. Im Rahmen meines Studiums wollten wir der Frage nachgehen, was Menschen alles in den Restmüll werfen. Ich wühlte mich durch volle Windeln, tausende Zigarettenstummel und mehr und mehr Lebensmittel. Dabei handelte es sich aber nicht nur um verschimmeltes Brot oder Orangenschalen – nein: Es waren Unmengen an originalverpackten, noch nicht einmal abgelaufenen Lebensmitteln. Original verschlossene Säcke frischer Karotten. Joghurts, deren Ablaufdatum noch nicht überschritten war. Eine Vielzahl an Schokoosterhasen. Am Ende stand ich vor einem Berg von 400 Kilogramm zum größten Teil noch genießbarer Lebensmittel. Wie kann so was passieren? Warum gehen Menschen mit etwas so Kostbarem wie Lebensmitteln so sorglos um? Wieso schmeißt jemand ein Joghurt weg, das noch nicht einmal abgelaufen ist? Diese Fragen ließen mir keine Ruhe.

Der Anblick dieses Berges achtlos verschwendeter Lebensmittel hat mich so berührt, dass ich alles über seine Entstehung wissen wollte, was es zu wissen gibt. So habe ich dann versucht, durch meine Masterarbeit Antworten auf meine Fragen zu finden. Ich wollte verstehen, warum etwas für mich so Unbegreifliches passieren konnte. Ich las alle Studien, die ich finden konnte, unterhielt mich mit Expert*innen und suchte online nach Gleichgesinnten. Nach Abschluss meines Studiums in England und meiner Rückkehr nach Österreich war ich fest entschlossen, mir einen Job zu suchen, bei dem ich dazu beitragen konnte, dass weniger Lebensmittel weggeworfen werden. Aber in diesem Bereich wurde keine Arbeit angeboten, so sehr ich auch suchte, das konnte ich mir nicht erklären. Aber nicht nur das. Es gab auch kaum jemanden, der davon wusste, wie viele Tonnen an hochwertigen Lebensmitteln täglich weggeworfen werden. Und ich spreche hier von einer Zeit, die noch nicht lange zurückliegt, es geht um sieben, maximal acht Jahre. Mittlerweile haben manche vielleicht schon einmal davon gehört, dass allein in Wien jeden Tag so viel Brot im Müll landet, wie ganz Graz konsumiert.

Wusstest du, dass ... laut aktuellen Schätzungen des WWF in Österreich pro Jahr eine Million Tonnen genießbare Lebensmittel weggeworfen werden?

Das ist mehr, als die gesamte Kärntner Bevölkerung jährlich verzehrt. In Deutschland liegen erste Schätzungen bei über 11.680.000 Tonnen vermeidbare Lebensmittelabfälle pro Jahr. Die Food and Agriculture Organization der UN schätzt, dass weltweit ein Drittel aller produzierten Lebensmittel weggeworfen werden. Das sind 1,3 Milliarden Tonnen. Die aktuellen Zahlen basieren derzeit aber noch auf lückenhaften Daten und groben Schätzungen, unter anderem von Restmüllanalysen, wie ich sie durchführen durfte. Wie groß das Problem tatsächlich ist, ist jedoch bis heute noch nicht ausreichend bekannt.

Da stand ich nun, voller Tatendrang. Und ohne Job! Trotzdem war es unmöglich für mich, dieses Problem einfach so stehenzulassen. Ich wollte, nein, ich musste zur Lösung dieses Problems beitragen. Wie sollte ich das angehen? Mir blieb nichts anderes übrig, als mich selbstständig zu machen. Da es nie mein erklärtes Ziel war, Unternehmerin zu werden, habe ich zaghaft damit begonnen, einen Verein zur Verwertung ungenutzter Lebensmittel zu gründen. Ich besann mich auf meine Wurzeln und die begnadeten Köchinnen in meiner Familie, die ihre köstlichen Marmeladen und Säfte aus all dem Obst machen, das zum Naschen vom Baum schon viel zu viel ist. Alle Überschüsse des Gartens machen sie durch Einkochen haltbar und bewahren sie so vor dem Wegwerfen. Die Entstehungsgeschichte von Marmelade beruht schließlich auf dem Gedanken, die Fülle und Überschüsse des Sommers für den kargen Winter aufzubewahren. Heute mag sich diese einstige Notwendigkeit für viele unvorstellbar anfühlen, da mittlerweile ja immer alles verfügbar ist. Es gibt kaum Obst oder Gemüse, das man heutzutage nicht das ganze Jahr über kaufen kann. Erdbeeren zu Weihnachten, wir kennen das. Infolgedessen wissen nur noch wenige, was in ihrer Region gerade wann tatsächlich reif ist oder wie welches Obst und Gemüse überhaupt wächst.

Bald schon saß ich inmitten von Obstbäumen in den Wiener Schrebergärten. Ich habe damit begonnen, Obst und Gemüse für Menschen zu ernten, die es selbst nicht mehr konnten oder auch einfach nicht wollten, und kochte daraus Marmelade, Chutneys und Sirupe ein. Nach wenigen Wochen berichtete eine Tageszeitung in einem kleinen Artikel über meine Arbeit. Daraufhin hörte mein Handy nicht mehr auf zu klingeln. Ich wurde in hunderte Gärten eingeladen, um dort Früchte zu pflücken. Doch auch wenn ich mich noch so bemühte und abrackerte, schaffte ich es an guten Tagen gerade einmal, zwei Gärten zu besuchen, und hatte dann womöglich nur um die 50 Kilo Früchte gerettet. Dann kam ein Anruf, der alles verändern sollte. Eine Bäuerin bot mir fünf Tonnen Wassermelonen an. Fünf Tonnen! Unglaublich. Für mich war das eine unvorstellbare Menge. Aber es löste vor allem auch die Fragen aus: Warum hat eine Bäuerin so viele Wassermelonen überschüssig? Was passiert damit, wenn ich diese Menge nicht übernehmen kann? Ich setzte mich sofort ins Auto und fuhr zu ihr. Wir gingen gemeinsam in ihr Kühlhaus und da standen sie: palettenweise köstlichste Wassermelonen, die keiner haben wollte. Die Bäuerin erklärte mir, dass sich in den Supermärkten fast ausschließlich die kleinen, kernlosen österreichischen Wassermelonen verkaufen. Dennoch brauche sie zusätzlich die großen Wassermelonen am Feld für die Bestäubung. Jedoch hätte leider niemand Interesse daran und deshalb müsse sie sie nun wegwerfen. Ich konnte deutlich spüren, wie sie das emotional belastete. Sie und ihre Familie hatten monatelang so viel Arbeit in diese Früchte gesteckt, sie gepflanzt, gepflegt, bewässert und mühevoll geerntet, alles nur, um sie schließlich entsorgen zu müssen. Sie zeigte mir dann auch noch einen Müllcontainer, der bis oben hin voll war mit aussortierten Tomaten, die für den Supermarkt nicht den richtigen Rotton hatten und folglich ebenfalls entsorgt werden müssen. Bis zu 500 Kilo Tomaten pro Tag, berichtete die Bäuerin, müssten aus diesem Grund regelmäßig in den Abfall wandern. Es war unfassbar.

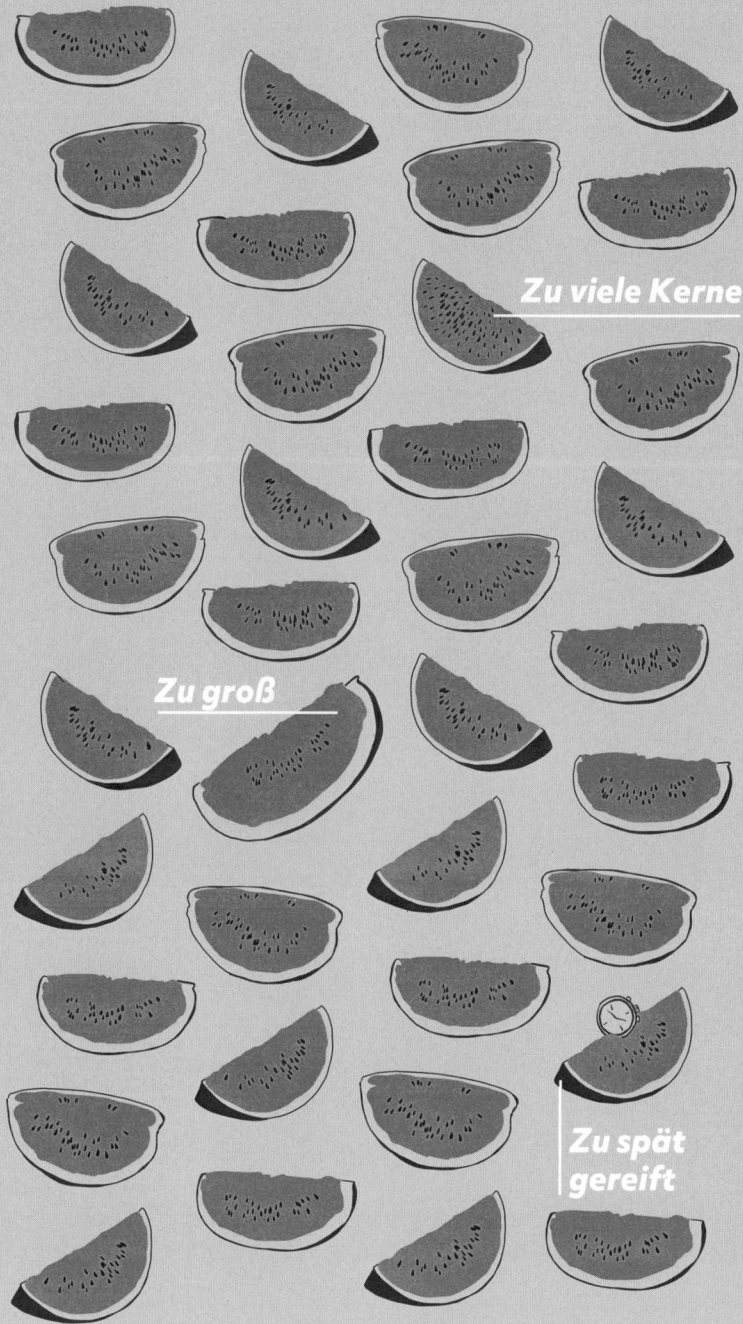

Zu viele Kerne

Zu groß

Zu spät gereift

Ich bedankte mich herzlichst bei der Bäuerin und packte so viele Wassermelonen in mein kleines Auto, wie nur irgendwie reinpassten. Es waren nicht mehr als 100 von den 5.000 Kilo aus ihrem Kühlhaus. Ein Bruchteil. Zu Hause suchte ich erneut nach den Unterlagen meiner Masterarbeit. Noch nie hatte ich ein Wort darüber gelesen, dass auch in der Landwirtschaft tonnenweise Obst und Gemüse weggeworfen werden. Und tatsächlich: Lebensmittelabfälle in der Landwirtschaft wurden in all den Studien bis 2013 mit keinem Satz erwähnt. Einzig eine Randnotiz verwies vage darauf, dass es wahrscheinlich auch am Beginn der Wertschöpfungskette zu Abfällen kommt, doch die Zahlen wurden bis heute nicht erhoben.

Es meldeten sich dann immer mehr Bauern und Bäuerinnen bei mir. Mehr als 5.000.000 Kilo (fünf Millionen!) bestes Obst und Gemüse wurden uns bis heute allein aus dem Großraum Wien angeboten. Allein war das nicht mehr zu bewältigen, ich konnte nicht mehr selbst in den Bäumen sitzen und musste zwischendurch den Kochlöffel mal wieder niederlegen. Und schon bald war klar, meinem Verein fehlte es an Kapazitäten, um diese Situation zu bewältigen. Ich musste umdenken.

Unverschwendet – ökologisch, sozial und ökonomisch

Und dann war es beschlossen: Gemeinsam mit meinem Bruder Andreas gründete ich 2016 das Unternehmen *Unverschwendet*. Ich war 29 Jahre alt. Unser erklärtes Ziel ist es, den größtmöglichen nachhaltigen Impact im Bereich Lebensmittelabfälle zu erzeugen. Wir möchten Produkte erschaffen, die durch und durch nachhaltig sind: Feinkost aus gerettetem Obst und Gemüse herstellen, um tonnenweise Lebensmittelabfall zu vermeiden. Wir möchten den Menschen Nachhaltigkeit schmackhaft machen und zeigen, dass Nachhaltigkeit kein Verzicht sein muss, sondern Genuss

bringen kann. Doch nicht nur der Inhalt der Gläser sollte nachhaltig sein. Ich wollte mir meinen großen Traum erfüllen und Produkte herstellen, die bis ins letzte Detail nachhaltig sind und allen Aspekten des Drei-Säulen-Modells der Nachhaltigkeit gerecht werden: ökologisch, sozial und ökonomisch.

Ich schöpfte wieder Hoffnung. Ich bin zwar als Person an einigen Anforderungen wahrer Nachhaltigkeit gescheitert, doch vielleicht hatte ich so nun eine Möglichkeit gefunden, dass zumindest meine Produkte durch und durch nachhaltig wurden. Alles an ihnen sollte nachhaltig sein. Bis ins letzte Detail. Nach der vielen Theorie durfte ich mein Wissen nun endlich in die Praxis umsetzen und noch tiefer in die Materie der Nachhaltigkeit eintauchen. Etwas so Simples wie Marillenmarmelade nachhaltig zu produzieren schien mir damals noch als erreichbares Ziel.

Zu klein, zu groß, zu krumm, zu hässlich

Die Marille ist die Schönheitskönigin unter den Früchten. Kaum eine hat für den Eintritt in den Supermarkt so hohe Standards zu erfüllen wie sie. Ihre Farbe muss strahlend orange sein. Bekommt sie zu große rote Bäckchen, gilt sie nicht mehr als perfekt. Ihre Haut muss straff sein, ohne jede Falte. Sie darf keine Sommersprossen haben und schon gar keinen Sonnenbrand. Die Marille ist eine der wenigen Obst- und Gemüsesorten, für deren supermarkttaugliches Erscheinungsbild es sogar eine spezifische rechtliche Vorlage gibt, die Verordnung (EG) Nr. 851/2000 der EU-Kommission vom 27. April 2000 zur Festlegung der Vermarktungsnorm für Aprikosen/Marillen.

Um sich zu den Marillen der Klasse 1 zählen zu dürfen, darf die Marille leichte Hautfehler bis zu 1 cm Länge, bei länglichen Fehlern, und bis zu einer Gesamtfläche von 0,5 cm², aufweisen. In der Klasse 2 dürfen Marillen verbleiben, solange ihre Fehler nicht mehr als 2 cm Länge oder eine Gesamtfläche von 1 cm² aufweisen. Die Marille ist aber nicht das einzige Obst und Gemüse, das für den Supermarkt nach strengsten Standards ausgewählt wird. Die Ansprüche gelten der Form, Farbe und Größe der Früchte. So werden Tomaten mit eigenen Farbkarten auf den richtigen Rotton überprüft.

Früchte, die im Supermarkt per Stück verkauft werden – also nicht abgewogen werden müssen –, haben eine ganz bestimmte Größe oder Gewicht einzuhalten. Ein paar Gramm oder Millimeter zu viel oder zu wenig und schon werden sie zu Ausschussware. Und weggeschmissen!

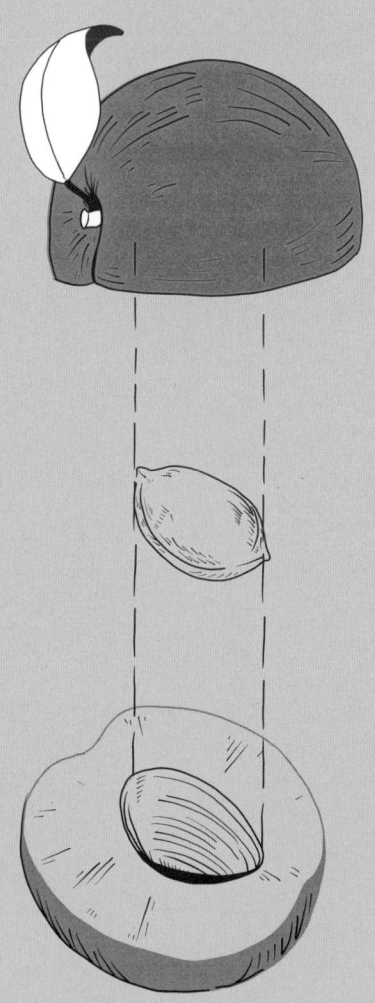

Wahnsinn, werden sich jetzt vielleicht so manche denken. Viele würden von sich selbst jetzt wahrscheinlich auch behaupten, dass sie sehr gerne auch die *hässlichen* Marillen kaufen würden. Die, die einen Schönheitsfehler von mehr als 2 cm Länge oder 1 cm² Gesamtfläche aufweisen. Viele beschweren sich auch über den Verpackungswahnsinn bei Obst und Gemüse. Warum müssen Bio-Paprika in einem Plastiksack oder Nektarinen in einer Plastikschüssel verpackt sein? Wäre es nicht viel besser, wenn alle Formen, Farben und Größen wie am Markt lose verkauft werden könnten?

Leider ist das nicht so einfach. Um das zu verstehen, sollte man sich beim nächsten Besuch im Supermarkt etwas mehr Zeit nehmen und ein Weilchen in der Obst- und Gemüseabteilung verharren.

Angeboten wird hier ausschließlich makelloses Obst und Gemüse der Klasse 1. Die schönen, glatten Marillen türmen sich im Frischeregal und jede einzelne ist grundsätzlich perfekt. Doch Konsument*innen wollen sich selbst davon überzeugen, dass sie von all diesen Marillen auch wirklich die besten für den sonntäglichen Marillenkuchen oder das Frühstücksmüsli kriegen. Und so wird oftmals jede einzelne Marille inspiziert, in die Hand genommen, kurz, ein wenig mit den Fingern gedrückt, um ein Gefühl zu bekommen, wie reif sie schon ist, und wenn sie den Erwartungen nicht genügt, wieder hingelegt und die nächste getestet. Besonders gut beobachten kann man dieses Verhalten bei Avocados. Noch nie habe ich beobachtet, dass jemand eine Avocado kauft, ohne sie zuvor kurz mit dem Finger anzustupsen, an der Frucht zu drücken, um festzustellen, wie reif sie schon ist. Dieses Testen von Obst und Gemüse hinterlässt aber Spuren. Durch das Drücken der Früchte wird das Gewebe leicht verletzt und es beginnt, langsam, aber doch, an dieser Druckstelle zu faulen. Die sogenannte Restlaufzeit – also die Zeitspanne, in der eine Frucht noch schön und genießbar im Regal liegen kann – wird dadurch erheblich verkürzt. Diese Verhaltensweise tritt erfahrungsgemäß bereits bei Marillen auf, die grundsätzlich alle nahezu gleich aussehen. Stellen wir uns nun einmal vor, was passieren würde, wenn kleine, große, fleckige, runzelige und glatte Marillen beisammen liegen würden. Das Bedürfnis, nach den besten im Haufen zu suchen, würde sich noch mehr verstärken. So würden im Laufe der Zeit nahezu alle Marillen gedrückt und getestet werden, bis man jeweils die *besten* gefunden hätte. Die Konsequenz: Durch die intensiven Inspektionen müssen viele Marillen frühzeitig vom Supermarkt aussortiert – und dann weggeschmissen werden.

Um das zu verhindern, hat man begonnen, Obst und Gemüse abgepackt in Säcken und Schüsselchen zu verkaufen. Doch selbst hier muss man im Supermarkt nicht lange warten, um Menschen zu beobachten, die auch das abgepackte Obst und Gemüse mit dem Finger auf seine Reife prüfen. Das abgepackte Obst und Gemüse wird durchgeschüttelt – auch hierdurch entstehen Druckstellen – und dabei von allen Seiten betrachtet, um zu kontrollieren, ob sich wohl keine schlechte Frucht daruntergemischt hat. Marillen werden häufig in Kübeln verkauft. Auch hier habe ich schon öfters beobachtet, wie so manche beginnen, die Früchte – vom Drang nach Optimierung ihres Einkaufs geleitet – von einem Kübel in den anderen zu schlichten. Da werden Nektarinen und Zucchini durch Netze gefädelt, um sie durch ein vermeintlich besseres Exemplar aus einem anderen Netz auszutauschen.

Es ist verständlich, dass wir uns vor dem Kauf von der Qualität der angebotenen Früchte überzeugen möchten, doch die Konsequenzen sind fatal. Und auch wenn viele behaupten, gerne auch das hässliche und krumme Obst und Gemüse kaufen zu wollen, so ist es ehrlicherweise doch nachvollziehbar, im Supermarkt bei einem Angebot gerader voluminöser und kleinerer krummerer Zucchini zum selben Preis, zu einem attraktiven Exemplar zu greifen. Geht es uns da nicht allen so?

Überdies hat sich durch gut getracktes Kaufverhalten herausgestellt, dass Konsument*innen die Vorstellung haben, dass Tomaten, die zu rot sind – ja, das gibt es tatsächlich, nicht mehr lange haltbar seien, und deshalb bewiesenermaßen öfter zu Tomaten greifen, die noch einen Hauch von Orange aufweisen. Tatsächlich bleiben allzu rote Tomaten im Regal liegen, auch hier handelt es sich um eine unterbewusste Kaufentscheidung, die in einem Bruchteil von Sekunden getroffen wird. Daher gibt es die besagte Rottonkarte bei

der Warenannahme im Zentrallager der Supermarktketten. Tomaten, die bereits einen zu tiefen Rotton erreicht haben, schaffen es somit meist nicht mehr ins Regal.

Die hohen Standards, die an Obst und Gemüse angelegt werden, sind aber nicht nur irrwitziger Schönheitswahn und Schutz vor zu intensiven Inspektionen im Supermarkt, sondern haben oftmals daneben einen praktischen oder gar nachhaltigen Grund. Gurken, die lang und gerade sind, lassen sich viel effizienter in Gemüsekisten schlichten und verpacken. Krumme Gurken, die sich schlecht schlichten lassen, würden beim Transport um ein Vielfaches mehr Platz einnehmen und dadurch zu einem erhöhten Verpackungs- und Transportbedarf führen.

Wusstest du, dass ... Gurken in einer dünnen Plastikfolie nachhaltiger sein können als unverpackte?

Einige stark wasserhaltige Gemüsesorten wie die Gurke oder Brokkoli haben nach der Ernte eine aktive Zellatmung. Wird eine Gurke nicht sofort nach der Ernte in eine dünne Plastikfolie eingeschweißt, verliert sie sehr schnell viel Wasser, beginnt zu schrumpeln, wird gummiartig weich und innerhalb kürzester Zeit gelb. Dies ist vor allem problematisch bei Gurken, die aus Südeuropa importiert werden. Durch die längeren Transport- und Lagerzeiten von der Ernte bis zum Supermarktregal beginnen die Gurken ohne Plastikfolie oftmals schon vor der Auslieferung im Zentrallager zu schrumpeln und so müssen tonnenweise importierte Gurken frühzeitig entsorgt werden. Die Entsorgung importierter Gurken und der damit verbundene Ressourcenaufwand ist eine um vielfach größere Umweltbelastung, als es eine dünne Plastikfolie jemals sein könnte.

Ebenso ist es beispielsweise bei der eingeschweißten Sechser-Tasse Äpfel wichtig, dass alle Äpfel gleich groß sind. Wäre ein etwas kleinerer dabei, der beim Transport in der Tasse herumrollt, würde er Druckschäden bekommen und verursachen, die rasch zu faulen beginnen und damit die ganze Sechser-Tasse unverkäuflich machen.

Man darf die Bequemlichkeit von Menschen nicht unterschätzen. Eine Erhebung des „Waste and Ressources Action Programme" aus Großbritannien (2012) hat gezeigt, dass die Abschaffung des Per-Stück-Verkaufs – die zu tonnenweise Ausschuss und damit Lebensmittelabfall in der Landwirtschaft führt – nicht das gewünschte Ziel erreicht, dass weniger Lebensmittel weggeworfen werden müssen. Konsument*innen sind es mittlerweile gewohnt, dass der Großteil von Obst und Gemüse im Supermarkt per Stück verkauft wird. Der etwas langwierigere Prozess, sich aus einem Haufen unterschiedlich großer Früchte die richtige auszusuchen und diese dann auch noch abwägen zu müssen, führte bei der Supermarktkette zu Umsatzeinbußen von mehr als 30 Prozent. Dies widerspricht zwar dem wachsenden Trend einer steigenden Anzahl von Unverpackt-Läden, wir müssen uns aber im Klaren darüber sein, dass es sich dabei immer noch um eine kleine Nachhaltigkeitsnische und nicht um die breite Masse handelt.

All das ist vor allem darauf zurückzuführen, dass wir glücklicherweise keine Knappheit mehr erleben müssen. Lebensmittel gibt es in Europa immer im Überfluss. Alles ist ständig verfügbar. Wir sind nicht mehr darauf angewiesen, jede noch so hässliche Marille oder krumme Gurke zu essen. Aus diesem Wohlstand heraus haben sich diese Verhaltensweisen entwickelt. Doch wer ist dafür verantwortlich?

WER IST DENN NUN VERANTWORTLICH?

Denkt man an das Thema Nachhaltigkeit, dauert es meist nicht lange, bis die Frage auftaucht: Wer ist dafür verantwortlich? Während man in der Wissenschaft von einer geteilten und komplexen Verantwortung zwischen Staat, Wirtschaft, Wissenschaft und Bevölkerung spricht, sind es medial und auf Demonstrationen oft nur die bösen geldgierigen Konzerne und seit Greta Thunberg mehr und mehr auch die Regierungsoberhäupter, denen Verantwortlichkeit zugesprochen wird. Einzelne Menschen, die bei besagten geldgierigen Konzernen einkaufen oder die Regierungen wählen, lenken dabei gern von ihren eigenen Einflussbereichen ab. Indes lässt sich auch das Gegenteil beobachten: Zwischenmenschlich zeigt sich die Umweltschutz-Diskussion über Verantwortung vermehrt durch neue Praktiken moralischen Tadels, wie beispielsweise beim *flightshaming*, der Flugscham, also dem an den Pranger Stellen von Mitmenschen, die offensichtlich nicht nachhaltige Verhaltensweisen praktizieren, wie mit dem Flugzeug zu reisen.

Warum es auch auf die Frage der Verantwortung für Nachhaltigkeit keine einfache Antwort gibt, möchte ich am Beispiel von Lebensmittelabfall im Supermarkt zeigen. Mittlerweile hört man in den Medien immer mehr von den bösen Supermärkten, die tonnenweise genussfähige Lebensmittel in ihre Müllcontainer schmeißen. Dumpster Diving – also das Retten dieser weggeworfenen Lebensmittel aus dem Müllcontainer der Supermärkte – ist längst keine Aktivität kleiner Randgruppen mehr, sondern mittlerweile salonfähig. In vielen Ländern gibt es bereits Restaurants, die mit „Müll" kochen und damit köstliche Galadinner ausrichten.

Sieht man sich jedoch anhand von Zahlen an, wie viele Lebensmittel Supermärkte tatsächlich – und vor allem im Vergleich zu anderen Akteur*innen – entsorgen, wird schnell klar, dass ihr Müllhaufen zu den kleinsten zählt. Laut den aktuellen Statistiken des WWF

Vermeidbare Lebensmittelabfälle in der Wertschöpfungskette – pro Jahr in Österreich

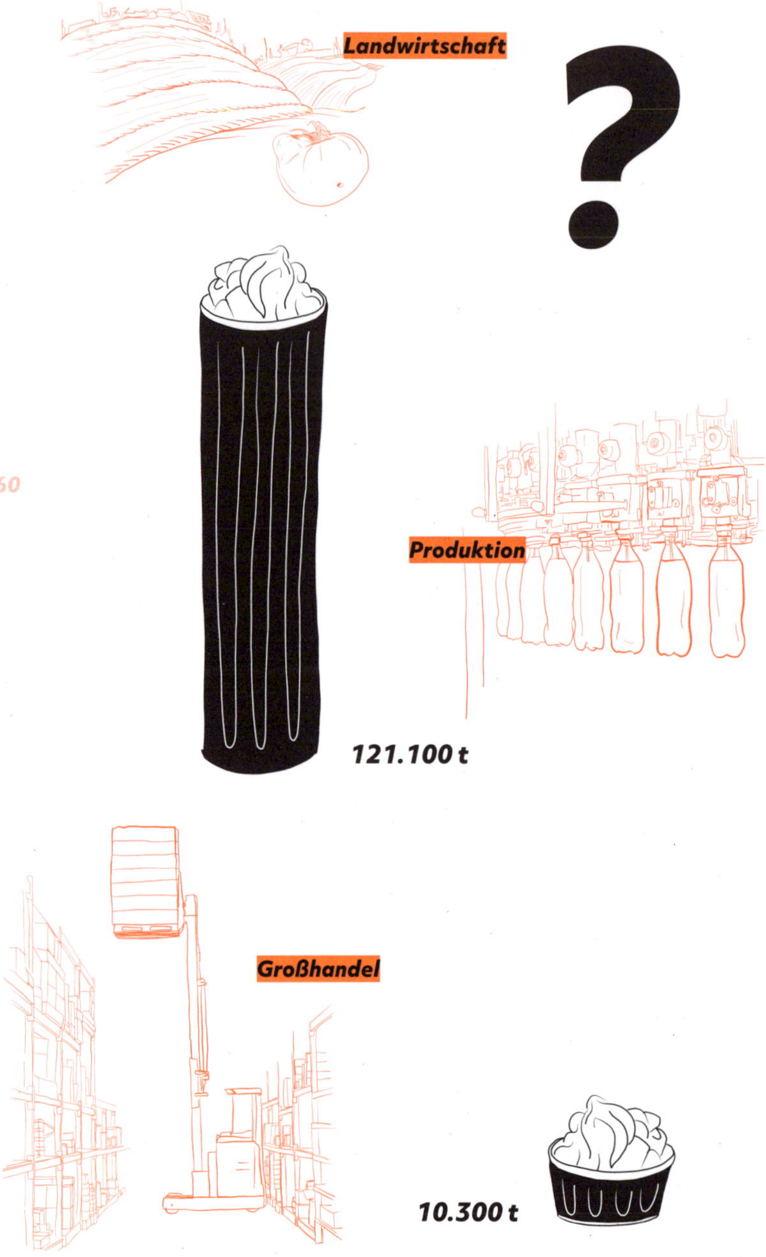

Landwirtschaft

?

Produktion

121.100 t

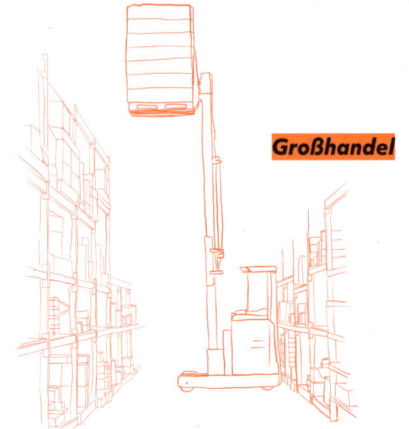

Großhandel

10.300 t

Einzelhandel

74.100 t

Außer-Haus-Verpflegung

175.000 t

Haushalt

206.000 t

verursacht der Lebensmitteleinzelhandel in Österreich pro Jahr 74.100 Tonnen an Lebensmittelabfall. In der Außer-Haus-Verpflegung sind es 175.000 Tonnen und im Haushalt – dem mit Abstand größten Müllberg – ganze 206.000 Tonnen. Ganz ähnlich gestalten sich die Zahlen in Deutschland. Von den rund 11.680.000 Tonnen vermeidbarer Lebensmittelabfälle entfallen mehr als die Hälfte auf Privathaushalte und nur rund 500.000 Tonnen auf den Handel. Lebensmittelabfall im Privathaushalt ist besonders problematisch, wenn man bedenkt, wie viele Ressourcen für den Anbau, die Produktion, den Handel und den Transport bereits notwendig waren, nur um dann weggeschmissen zu werden.

Supermarktketten befinden sich untereinander in einem extrem kompetitiven und preisaggressiven Wettbewerb. Wie auch ich es in meinem Wirtschaftsstudium gelernt habe, müssen sie immer wirtschaftlich denken und können sich Verluste im wahrsten Sinne des Wortes nicht leisten. Daher ist es schließlich vollkommen nachvollziehbar, dass sie in der Wertschöpfungskette von der Landwirtschaft bis zum Haushalt mit Abstand am wenigsten wegwerfen. Lebensmittelabfall im Supermarkt bedeutet Geld zu vernichten und damit Gewinnverlust. Deshalb optimieren Supermärkte ihre Systeme wie kein anderer Akteur, um die Verlustzahlen so klein wie irgendwie möglich zu halten. Trotz dieser Faktenlage gelten sie in den Medien als die größten Lebensmittelabfallsünder. Aus den Zahlen ist dennoch klar ersichtlich, dass Privathaushalte mit Abstand am meisten wegwerfen und die Verantwortung damit beim Einzelnen liegen müsste. Doch auch diese Antwort ist wiederum zu kurz gedacht. Warum ist das so?

Auch hier gibt es keine klare und schon gar keine einfache Antwort. Alles muss miteinander verbunden gedacht werden und eine Vielzahl wechselseitiger Einflüsse und relevanter Interessen bestimmt die Gegebenheiten. So auch bei diesem Mysterium. Supermärkte werfen zwar selbst am allerwenigsten Nahrungsmittel weg, doch sind sie der Dreh- und Angelpunkt für vor- und nachgelagerte Lebensmittelabfälle. Vorgelagert kommt es zu tonnenweiser Ausschussware bei Obst und Gemüse in der Landwirtschaft, die nicht den bereits beschriebenen Standards entsprechen. Wie erwähnt, haben sich Supermarktketten diese Standards jedoch nicht willkürlich ausgedacht, vielmehr sind sie auf pragmatische Gründe zurückzuführen – man denke an den Haufen unterschiedlichster Marillen, die aufgrund von Druckstellen infolge der Auswahlselektion durch Konsument*innen verfaulen würden. Zugleich verführen Supermärkte Konsument*innen wettbewerbsbedingt dazu, mehr zu kaufen, als sie tatsächlich brauchen: 2 + 1-Gratisaktionen sind nur eines von vielen Beispielen dafür.

Wenn man erkennt, dass Supermarktketten allenfalls eine tragende Rolle bei der Verursachung von Lebensmittelabfall über die gesamte Wertschöpfungskette spielen, ist man wieder geneigt, ihnen die volle Verantwortung zuzuschreiben. Was würde das bedeuten? Würde sich eine Supermarktkette nun dazu entscheiden, der Landwirtschaft auch das nichtkonforme Obst und Gemüse abzukaufen, käme es zu tonnenweise Lebensmittelabfall direkt in den Supermärkten und damit zu enormen zusätzlichen Kosten. Würde eine Supermarktkette auf 2 + 1-Gratisaktionen verzichten, hätte sie starke Umsatzeinbußen. Dann käme es zu einem wie in Kapitel 2 beschriebenen Zielkonflikt. Supermarktketten und andere große Konzerne sind in ihrer Gewinnorientierung nicht nur, wie auf manchen Demos zu hören, „böse" – sie beschäftigen tausende Menschen und sind damit wichtige Arbeitgeber und essenziell für die soziale Nachhaltigkeit einer Gesellschaft. Allein in Österreich arbeiten über 100.000 Menschen im Lebensmitteleinzelhandel, in Deutschland sogar mehr als eine halbe Million. Würde sich eine Supermarktkette zu besagten Verhaltensänderungen aufraffen, die zu weniger Lebensmittelabfall führen, riskiert sie, im preisaggressiven

Wettbewerb durch erhöhte Kosten und Umsatzeinbußen rasch der Konkurrenz zu unterliegen. Dadurch würden tausende Menschen ihren Job verlieren. Hier stehen also wieder ökologische gegen soziale Ziele. Jobs gegen Lebensmittelabfall. Eine Lösung hierzu könnte sein, dass die Regierung allen Supermärkten gleichermaßen vorschreibt, das gesamte Obst und Gemüse aus der Landwirtschaft kaufen zu müssen, und Aktionen wie 2 + 1-Gratisaktionen gesetzlich verbietet. Doch am Schluss sind es doch wir – die Konsument*innen –, die gern die schönste Marille aus dem Haufen suchen und die 2 + 1-Gratisaktionen nutzen. Brauchen wir tatsächlich den Staat, der uns in fast elterlicher Manier solche Aktionen verbieten muss, weil wir selbst nicht bereit sind, die Verantwortung zu tragen? Eine Frage, die es verdient genau überlegt zu werden, bevor es eine Antwort gibt.

Die hohen Standards, die sich in Supermärkten für Obst und Gemüse etabliert haben, sind nur einer von vielen Gründen, warum es in der Landwirtschaft zu Überschuss und Ausschuss und infolgedessen zu tonnenweise Lebensmittelabfall kommt. Ein besonders absurdes Beispiel erlebte ich im Jahr 2017. Es war im April schon so warm, dass der Spargel früher als gewohnt reif wurde. Viel zu früh für die hunderten Restaurants, die schon lange Zeit im Vorhinein ihre Spargelwochen erst im Mai ausgeschrieben hatten. Die wenigsten waren flexibel genug, ihre saisonale Karte nochmals schnell der Natur anzupassen. So kam es, dass wir hunderte Kilo frisch gestochenen Marchfelder Spargel zu sozialen Einrichtungen brachten und tausende Kilo mussten am Feld wieder eingeackert werden. Regionaler Spargel hat nur ein sehr kurzes Zeitfenster und als dann die besagten Spargelwochen der Restaurants begannen, gab es kaum noch österreichischen Spargel. Wassermelonen wiederum erfreuen sich in den Sommermonaten großer Beliebtheit. Man genießt sie an heißen Tagen im Freibad oder am Balkon. Wassermelonen, die im Sommer während einer langanhaltenden Kältefront oder erst im September reif werden, finden jedoch kaum noch Absatz. Oder man denke an die *zu großen* Wassermelonen von der netten Bäuerin, die ich besucht habe. Auch große politische Ereignisse führen zu tonnenweise Lebensmittelabfall. Durch das Russland-Embargo 2018 blieben 22.800 Tonnen Apfelüberschüsse in der EU stecken, weil sie nicht wie gewohnt nach Russland abgesetzt werden konnten. Dadurch sanken die Apfelpreise innerhalb der EU auf 0,07 Euro pro Kilo. Dieser Preis liegt weit unter den Pflege- und Erntekosten österreichischer Landwirt*innen. Ich könnte ein ganzes Buch über die unzähligen Gründe für Überschüsse schreiben, aber kommen wir hier nun zurück zu unserer Herausforderung, eine wirklich nachhaltige Marillenmarmelade zu produzieren.

Nachhaltige Grundsätze für die Unverschwendet-Marillenmarmelade

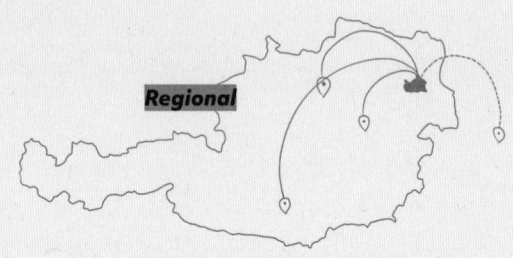

Regional

1. Die Marillen

Ernte

2. Transportieren

3. Einkochen

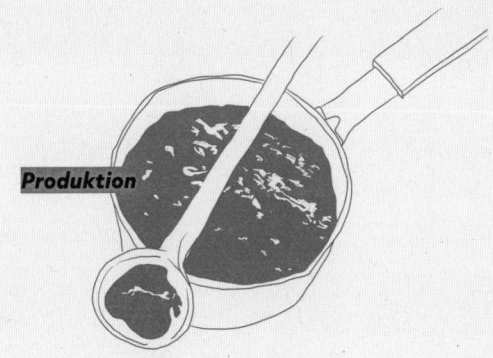

Produktion

4. Verfeinern

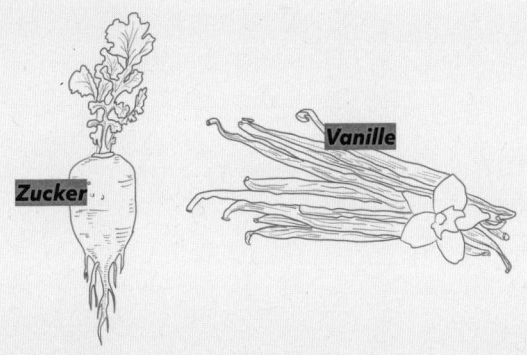

Zucker

Vanille

5. Verpacken

UNVERSCHWENDET

Marille
& Vanille
Konfitüre

„richtigen" Marillen

Wir kaufen also für unsere nachhaltige Marmelade tonnenweise Marillen, die zu klein, zu groß oder nicht schön genug sind. Aber sind alle Marillen es gleichermaßen wert, gerettet zu werden?

Obst mit der richtigen Staatsbürgerschaft

Immer mehr Menschen achten bei ihrem Einkauf auf Regionalität und so wird der Ruf nach österreichischem Obst und Gemüse im Frischeregal immer lauter. Sobald eine Frucht aber weiterverarbeitet wurde, beispielsweise zu Marmelade oder Ketchup, interessieren sich nur noch die wenigsten für die Herkunft der Rohware. Infolgedessen kommt ein Großteil der Marillen aus den Marillenmarmeladen im Supermarktregal nicht aus Österreich, sondern aus Bosnien oder Marokko. Ihr Kilopreis ist um ein Vielfaches niedriger als jener für österreichische Marillen. Tomatenketchup ist oftmals mit Wasser aufgespritztes Tomatenmark aus China und so manche Essiggurke kommt sogar den weiten Weg aus Indien. Trotzdem hatten bisher viele dieser Produkte eine Österreichfahne auf dem Etikett, die für die Regionalität des Produkts werben soll. Das liegt daran, dass es bis vor kurzem erlaubt war, die Österreichfahne bereits verwenden zu dürfen, wenn der wichtigste oder finale Verarbeitungsschritt in Österreich durchgeführt wurde. Beispielsweise die Verarbeitung der marokkanischen Marillen zu Marmelade. Damit ist seit April 2020 Schluss. Will man die Österreichfahne auf seinen Produkten behalten, reicht es nicht mehr aus, den letzten Verarbeitungsschritt in Österreich zu vollziehen. Dank der neuen Green-Labeling-Verordnung der EU muss nun auch die Primärzutat des Produkts aus Österreich stammen. Viele Österreichfahnen werden nun von den Produkten verschwinden. Ob das am Kaufverhalten der Konsument*innen etwas ändert, wird sich erst zeigen.

Regionalität hat sowohl ökologische Aspekte, wie die Vermeidung langer Transportwege und der dazugehörigen CO_2-Emissionen, als auch soziale Aspekte, wie die Steigerung der regionalen Wertschöpfung und die Stärkung der österreichischen Landwirtschaft. Aktuelle Marktstudien zu nachhaltigem Konsum zeigen, dass Regionalität für viele Konsument*innen mittlerweile ein wichtigeres Kaufkriterium ist als biologisch. Leider ist jedoch auch das Wort „regional" oftmals ein überaus dehnbarer und nicht klar definierter Begriff – wie wir bereits wissen: keine Seltenheit in der Nachhaltigkeit. Es gibt keine eindeutigen gesetzlichen Regeln, wann ein Produkt als regional bezeichnet werden darf. So definiert regional jeder anders. Für manche ist es ein Radius von 50 Kilometern, für andere umfasst es ganz Österreich. Es gibt aber durchaus ungarische Marillen aus dem Naturschutzgebiet Neusiedl, die einen kürzeren Transportweg nach Wien hätten als so manche Marille aus der Wachau. Mit der Herkunftsbezeichnung Ungarn gelten diese jedoch in der Vorstellung vieler nicht als regional. Daher musste ich schon viele hochwertigste Überschüsse aus dem nahen Umfeld Wiens ablehnen, nur weil sie die falsche Staatsbürgerschaft aufwiesen.

Es stellt sich also die Frage: Ist nur regionales Obst und Gemüse rettenswert? Grundsätzlich wäre es vor allem aus fernen Ländern importiertes Obst und Gemüse besonders wert, gerettet zu werden,

wenn man bedenkt, wie viele Ressourcen dafür aufgebracht werden mussten, um essreife Mangos aus Thailand oder Spargel aus Peru mit dem Flugzeug anreisen zu lassen. Eine weitere Frage ist: Sollen biologisch angebaute Lebensmittel bevorzugt werden oder sind alle Überschüsse gleichermaßen rettenswert? Denn besonders die kleinstrukturierte biologische Landwirtschaft hat äußerst positive Effekte auf die Umwelt, wie beispielsweise auf die Grundwasser-

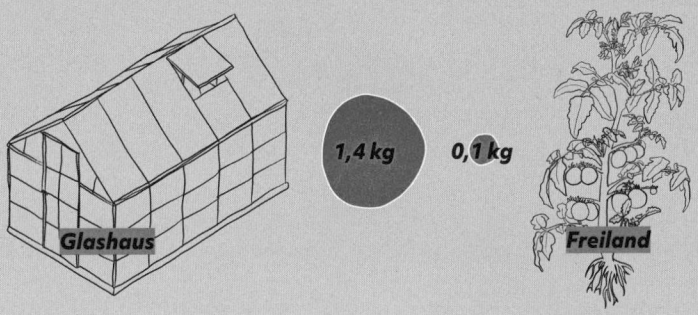

CO_2-Äquivalent bei Tomaten

1,4 kg   0,1 kg

Glashaus   Freiland

qualität und Biodiversität, weshalb diese Betriebe besonders unterstützt gehören. Andererseits ist in konventionelle Glashaustomaten aber wesentlich mehr Energie geflossen (1,4 kg CO_2-Äquivalent pro kg Tomate) als in eine biologisch angebaute Freilandtomate (0,1 kg CO_2-Äquivalent pro kg Tomate), weshalb die Vergeudung dieser Ressourcen für die Umwelt besonders schädlich ist. Zielkonflikte über Zielkonflikte. Und wer erntet jetzt unsere regionalen Marillen?

Österreichisches Fairtrade

Besonders 2020 wurde durch Corona zum ersten Mal klar, wie sehr wir für die Ernte unseres Obsts und Gemüses auf ausländische Erntehelfer*innen angewiesen sind. Ein Großteil unserer Erntehelfer*innen kommt nämlich aus Ungarn, Tschechien, Rumänien, Bulgarien und der Ukraine, die zu Zeiten des Lockdowns plötzlich nicht mehr einreisen durften, und so verblieb tonnenweise bestes Obst und Gemüse ungeerntet auf dem Feld. Das liegt vor allem daran, dass Erntearbeit ein schlechtbezahlter Knochenjob ist, den hierzulande nur wenige ausführen wollen würden. Dabei spreche ich nicht nur von den körperlichen Belastungen, wie dem stundenlangen Pflücken von Babyspinat bei 1° C mit nackten Fingern, oder der Obsternte bei 35° C in der brütend heißen Sommersonne, sondern viel mehr von den katastrophalen Unterbringungen, den prekären und oftmals illegalen Arbeitsverhältnissen und den Unmengen an unbezahlten Überstunden. 2018 verdienten Erntehelfer*innen in Oberösterreich pro Stunde 5,80 €. Im Burgenland bekommt man 2020 1.094 € netto pro Monat. Von diesem Hungerlohn müssen Erntehelfer*innen dann oftmals noch Geld für eine Unterbringungen abgeben. Sie hausen in kleinsten Mehrbettzimmern, die häufig unter jeglicher Menschenwürde sind. In besonders schlimmen Fällen müssen Erntehelfer*innen von ihrem niedrigen Lohn außerdem noch selbst für Schutzkleidung und andere arbeitsrelevante Dinge aufkommen.

Wie sehr das notwendige Geschick dieser Arbeit unterschätzt wird, zeigte sich bei uns, als das Bundesministerium für Landwirtschaft zur Unterstützung der Bauern und Bäuerinnen in Österreich einen Aufruf für österreichische Erntehelfer*innen startete. Es haben sich zwar einige gemeldet, doch nur die wenigsten waren ein wirkli-

Erntehelfer*innen Lohn
Burgenland 2020 pro Monat

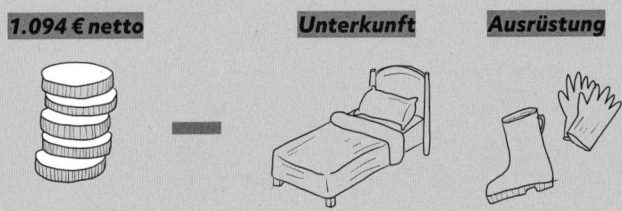

1.094 € netto **Unterkunft** **Ausrüstung**

che Hilfe. Uns erreichten in dieser Zeit unzählige Anrufe von unseren Landwirt*innen mit den daraus folgenden Konsequenzen. Eine von ihnen hat uns beispielweise zwei Tonnen Spargel angeboten, den ihr Studierende aus Wien gut gemeint leider komplett verstochen haben. Einer anderen Bäuerin wurde die Kirschplantage verwüstet, weil mit den Ästen sorglos umgegangen wurde. Viele kamen nach dem ersten Arbeitseinsatz auch nie wieder zurück. Es ist eben nicht so einfach, wie viele vielleicht meinen. Es braucht viel Übung, um Obst und Gemüse effizient und richtig zu ernten. Ich selbst bin schon unzählige Male daran gescheitert und sah neben siebzigjährigen Erntehelfer*innen aus Ungarn richtig alt aus.

Pro Jahr dürfen in Österreich nur etwa 3.000 Erntehelfer*innen aus nicht EU-Ländern beschäftigt werden. Da aber immer weniger Menschen aus EU-Ländern wie Ungarn und Rumänien in Österreich arbeiten wollen, kommt es durch diese Beschränkung für Menschen aus Drittländern zu steigender illegaler Beschäftigung. Ohne Versicherung und ohne Rechte. Da es in Österreich kaum Menschen gibt, die zu diesen Konditionen arbeiten, mussten im Frühjahr 2020 während des Lockdowns Erntehelfer*innen aus Rumänien und der Ukraine eingeflogen werden. In den kleinen Mehrbettzimmern ohne Hygienestandards kam es vermehrt zu Covid-19-Infektionen. So riskierten unzählige Erntehelfer*innen für einen Hungerlohn bei uns ihre Gesundheit und im schlimmsten Fall ihr Leben, damit wir regionales Obst und Gemüse kaufen konnten. Noch viel schlimmer ist die Situation in Spanien und Süditalien, wo Erntehelfer*innen aus Nordafrika unter sklavenähnlichen Bedingungen beschäftigt werden, um das Obst und Gemüse zu Spottpreisen in der EU verkaufen zu können.

Eine wirklich nachhaltige Marillenmarmelade bräuchte ein nationales Fairtrade-Siegel, das bezeugt, dass die Erntehelfer*innen legal angestellt und angemessen und würdig untergebracht sind, einen fairen Lohn und Überstunden ausbezahlt bekommen, Pausen machen dürfen, und vor allem auch die Landwirt*innen einen fairen Preis für ihre Marillen erhalten, damit sie sich all das auch leisten können. Ich muss an dieser Stelle wohl nicht mehr dazusagen, dass wir für die überschüssigen und *hässlichen* Marillen für unsere Marmelade einen fairen Preis bezahlen. Auch sie mussten gepflegt und geerntet werden.

Die Mär vom Mehrweg

Wie transportieren wir nun unsere zu kleinen, zu großen oder zu rotbackigen Marillen zur Produktionsstätte? Grundsätzlich gibt es hier zwei Optionen: Man kann sie in Mehrwegkisten aus Kunststoff oder Einwegkisten aus Recyclingpapier packen. Die Formel von Zero Waste lautet: *reduce > reuse > recycle*. Der beste Müll ist also der Müll, der gar nicht erst entsteht. An zweiter Stelle folgt die Wiederverwendung – in unserem Fall sind das die Mehrwegkisten aus Kunststoff – und erst an dritter Stelle folgt Recycling, das sind die Einwegobstkisten aus Recyclingpapier. Doch auch hier ist die Antwort auf die Frage nach nachhaltiger Best Practice nicht ganz so einfach. Wenn wir unsere Marillen in den Mehrwegkisten zur Produktion transportieren, müssen die leeren Kisten wieder mit dem Lkw zurückgebracht werden. Die Einwegkisten aus Altpapier hingegen würden an der Produktionsstätte recycelt werden. Würde man diese beiden Optionen in einer Lebenszyklusanalyse gegenüberstellen und die CO_2-Äquivalente berechnen, ist es bei einem etwas längeren Rücktransport der leeren Mehrwegkisten wahrscheinlich, dass die Einwegpapierkisten die Umwelt weniger belasten als die Mehrwegkisten. Dies ist allerdings nur eines von vielen Beispielen, bei denen Mehrwegsysteme nicht immer automatisch die nachhaltigere Option sind. Ein weiteres gutes Beispiel hierzu wäre die Renaissance der Mehrwegmilchflasche statt Getränkekartons oder die allseits beliebten Jutebeutel als Ersatz für Plastiksackerl – aber dazu später mehr.

Reduce

Reuse

Recycle

Hinsichtlich der Abholung von Überschüssen stellt sich des Weiteren die Frage: Ab welcher Menge ist es sinnvoll, einen Transport zu organisieren? Geht man streng nach den Umweltauswirkungen, wäre der Transport von 100 Kilo Marillen aus der Wachau womöglich schlechter für die Umwelt, als würde man sie einfach kompostieren. Sind der Wert und die Rettung genießbarer Lebensmittel wichtiger als die Reduktion von CO_2-Emissionen? Ein weiterer Zielkonflikt. Eine mögliche Lösung, diesen Zwiespalt zumindest ein wenig auszugleichen, besteht darin, das durch den Transport angefallene CO_2 durch Ausgleichszahlungen zu kompensieren.

Marmelade kochen

Wer kocht nun unsere Marillen zu Marmelade ein? Bei der Auswahl der Produktionsstätte gibt es viele Punkte, die man beachten muss, wenn unsere Marillenmarmelade wirklich nachhaltig sein soll. Ein wichtiger Aspekt ist auch hier die Regionalität. Je näher sich der Marillenbaum und die Produktionsstätte sind, umso kürzer ist der Transportweg und entsprechend geringer die anfallenden CO_2-Emissionen. Doch auch im Verarbeitungsbetrieb darf die Nachhaltigkeit nicht enden. Hier muss man sich ansehen, inwieweit Nachhaltigkeit schon in bestehende Prozesse integriert ist: Herrscht ein effizienter und umweltschonender Einsatz von Ressourcen? Gibt es Begrenzungen und Mechanismen für Energie- und Wasserverbrauch? Wird Ökostrom bezogen? Gibt es ein Konzept zur Abfallvermeidung? Wird Müll getrennt? Wird das Thema Lebensmittelabfall bereits beachtet und eingedämmt? Werden Arbeitsplätze für Menschen aus der Region geschaffen? Bekommen die Angestellten faires Gehalt für ihre Arbeit? Gibt es Regelungen zu Antidiskriminierung, Diversität und Angestelltenschutz?

Mehr als nur Zucker

Für unsere Marmelade brauchen wir nicht nur überschüssige Marillen, sondern noch Zucker, Pektin und Zitronensaft. Bei der Auswahl der Zutaten kann man wieder unterschiedliche nachhaltige Ziele verfolgen. Die ökologische Variante in der Wahl des Zuckers wäre, biologischen Rübenzucker aus Österreich zu beziehen. Eine sozial wertvolle Variante wäre aber ebenfalls, fair gehandelten Zucker aus Südamerika zu verwenden. Ich habe für mich persönlich und meine Marmeladen folgende Regel aufgestellt: Zutaten, die ich regional beziehen kann, kaufe ich in der Region. Zutaten, die es regional nicht gibt, wie Kaffee oder Kakao, kaufe ich fair gehandelt.

An dieser Stelle werden sich vielleicht manche unter dem Aspekt der Gesundheit, auch ein wichtiges Unterziel sozialer Nachhaltigkeit, die Frage stellen, ob Produkte mit raffiniertem Zucker überhaupt nachhaltig sein können. Der vermehrte Zuckerkonsum in der heutigen Gesellschaft führt zu Diabetes, Übergewicht und vielen Krankheiten – die Debatten dazu sind bekannt und können hier nicht näher erörtert werden. Da Zucker neben Geliervermögen und der Haltbarkeit noch andere wichtige sensorische Eigenschaften wie Geschmack, Stabilität und Schaumfestigkeit fördert und man dadurch auf andere Hilfsstoffe und Süßungsmittel verzichten kann, habe ich mich für Zucker als Bestandteil unserer Marillenmarmelade entschieden. Die Diskussion, was gesünder ist: Süßungsmittel, Fruchtsaftkonzentrate oder bewusster Konsum von zuckerhaltigen Produkten, möchte ich aber Ernährungsexpert*innen überlassen.

Bei der Wahl von Gelierhilfe gibt es viele Möglichkeiten. Die wohl bekannteste der Gelatine, die aus tierischen Proteinen aus dem Bindegewebe von Schweinen und Rindern produziert wird. Man findet sie trotz vieler pflanzlicher Alternativen bis heute in sehr vielen Produkten, so auch in fixfertigen Gelierzucker-Mischungen für das Einkochen von Marmelade im Supermarkt. Als pflanzliche Alternative setzt sich hier vor allem Pektin durch, das in fast allen Früchten natürlich vorkommt. Wie ich es für mich schon damals bei Schweinchen Babe erkannt habe, hat sich während meines Studiums tatsächlich bewahrheitet, dass der Verzicht auf tierische Produkte ein grundlegender Bestandteil ökologischer Nachhaltigkeit ist. Aus diesem Grund ernähren sich immer mehr Menschen vegetarisch oder vegan. Auch der „Fleischlostag" erfreut sich immer größerer Beliebtheit. Deshalb entscheiden wir uns für unsere nachhaltige Marillenmarmelade für veganes Pektin aus Äpfeln.

Möchte man seiner Marmelade mit ein paar Gewürzen eine noch feinere Note verleihen, dann findet man sich beim Einkauf der Zutaten schnell im Globalen Süden wieder. Ein besonders gutes

Beispiel hierfür ist Vanille. Ein Großteil der echten Bourbonvanille wird in Madagaskar und in Teilen Südostasiens angebaut. Leider meist unter katastrophalen Bedingungen. Da der Preis für echte Bourbonvanille auch aus dem Bereich der konventionellen Landwirtschaft bereits sehr hoch ist, kaufen nur die wenigsten die noch viel teurere biologische Fairtrade-Vanille. Erst kürzlich habe ich wieder ein Kilo biologischer Fairtrade-Vanille für unsere Marmeladen um 600 Euro bestellt. Natürlich könnte ich auf Gewürze aus fernen Ländern gänzlich verzichten und die Marillenmarmelade mit Kräutern aus dem eigenen Garten verfeinern. Ich empfinde es aber als grundlegende Entscheidung, auch die soziale Nachhaltigkeit im Globalen Süden zu stärken.

Wusstest du, dass ... in fast keinem Produkt mit der Geschmacksrichtung Vanille auch tatsächlich echte Vanille enthalten ist?

Da echte Vanille sehr teuer ist, wird die Geschmacksrichtung Vanille seit vielen Jahren im Labor hergestellt. Das von den Bakterien erzeugte Vanillin darf in der Zutatenliste als „natürliches Aroma" angeführt werden. Manche kennen dieses Verfahren der Lebensmittelindustrie vielleicht schon vom Erdbeerjoghurt, bei dem das zugesetzte natürliche Aroma ebenfalls durch Bakterien entsteht, die sich durch Sägespäne fressen. Vanille ist überdies auch nicht gelb – nur ihre Blüte – und der als charakteristisch geltende gelbe Farbton wird Produkten wie Vanilleeis und -pudding extra hinzugefügt, weil Konsument*innen sich Vanille so und nicht anders vorstellen. Echte Vanille erkennt man an kleinen schwarzen Punkten im Produkt, doch selbst diese werden mittlerweile von der Lebensmittelindustrie imitiert.

Plastik ist böse

Das hat sich mittlerweile herumgesprochen. Also erfährt Glas als Verpackungsmittel in den letzten Jahren wieder eine Renaissance. Der Markt wäre eigentlich schon nahezu vollständig auf Kunststoff und Getränkekartons von Herstellern wie Tetra Pak umgestiegen, da sie gut stapelbar und sehr leicht sind – sprich, zu weniger Treibstoffverbrauch beim Transport führen – und die Produktsicherheit zudem sehr hoch ist. Heute bekommt man Milch, Joghurt und Mineralwasser ebenso wieder in der Glasflasche. Glas ist zu 100 Prozent recycelbar, schützt den Inhalt vor mechanischen Einwirkungen und bietet „komplette Migrationssicherheit", das bedeutet, dass Glas keine Mikrobestandteile an das Produkt abgibt. Die Abgabe schädlicher Stoffe durch Wärme wurde beispielsweise bei PET-Flaschen nachgewiesen, die zu lange im aufgeheizten Auto liegen. Auch Säure und Fett greifen Glas, im Gegensatz zu vielen Kunststoffen, nicht an. Darüber hinaus vermitteln die Optik und Haptik von Glas den Konsument*innen eine bestimmte Wertigkeit. Glas hat aber nicht nur Vorteile. Die Erzeugung und das Recycling von Glas sind extrem energieintensiv. Durch das viel höhere Gewicht der Verpackung kommt es außerdem auf allen Transportwegen zu einem erhöhten Treibstoffverbrauch und damit erhöhten CO_2-Emissionen. Verbundmaterialien wie Getränkekartonagen, Aluminiumdosen und PET-Flaschen – die auch allesamt recycelbar sind – schneiden bei der Gegenüberstellung der Umweltbelastungen oftmals um ein Vielfaches besser ab als Einwegflaschen aus Glas. Laut aktuellen Studien des Instituts für Energie- und Umweltforschung verursacht Verbundmaterial wie Tetra Pak 63 Prozent weniger CO_2-Emissionen als eine Einwegflasche aus Glas und ist somit ökologisch mit Abstand die bessere Alternative. Indes ist es derzeit jedoch unmöglich, ein anderes Verpackungsmaterial als Glas als nachhaltigste Verpackungsmöglichkeit zu kommunizieren. Das kaum noch hinterfragte Mantra „Plastik ist böse", die Angst vor Mikroplastik in unseren Produkten und die katastrophalen Bilder armer Schildkröten, die an Plastikmüll verenden, hat sich zu tief in die Gesellschaft eingebrannt.

Wusstest du, dass ... Geisternetze – so bezeichnet man Fischernetze, die herrenlos durch das Meer geistern – laut aktuellen Studien bis 50 Prozent des Plastiks im Meer ausmachen?

Natürlich sind auch am Strand zurückgelassene Plastikflaschen, Strohhalme und anderer Plastikmüll ein Problem, doch eines der Hauptprobleme wurzelt auch hier in unserem massiven Konsum tierischer Produkte, der – unter anderem – durch rücksichtslos betriebenen Fischfang bedient wird.

Das Etablieren von Glas-Mehrwegsystemen ist hochkomplex, kostenintensiv und erst ab einer enormen Stückzahl und vielen Rückgabestellen effizient und nachhaltig umsetzbar. Aktuell versuchen sich Supermarktketten darin, dieses System neben Bierflaschen auch auf Milchflaschen auszuweiten. Auch hierzu gibt es bereits viele widersprüchliche Studien, die der Frage nachgehen, ob Glas in der Mehrwegflasche nun tatsächlich die nachhaltigste aller Lösungen ist. Laut der aktuellen Studie des Instituts für Energie- und Umweltforschung schneiden regional vertriebene 0,5-Liter-Mehrwegflaschen aus Glas ökologisch besser ab als 0,5-Liter-Einwegflaschen aus PET. Vergleicht man aber eine 1,5-Liter-PET-Einwegflasche mit einer 0,7-Liter-Mehrwegflasche aus Glas, gibt es keinen klaren Gewinner mehr. Je größer und damit schwerer die Mehrwegflasche aus Glas wird, umso deutlicher geht die Einwegflasche aus PET in der Ökobilanz als Gewinner hervor. Wichtig ist an diesem Punkt vielleicht auch hervorzuheben, dass die Studie von regional vertriebenen Mehrwegflaschen ausgeht. Zum jetzigen Zeitpunkt werden, meines Wissens, noch alle Milchmehrwegflaschen aus Glas zu einem einzigen Produzenten gebracht, der über die notwendigen Reinigungsstraßen und Abfüllanlagen verfügt. So reisen die Milchflaschen aus allen Ecken unseres Landes immer wieder einen sehr weiten Weg an einen Ort und wieder zurück.

Wir entscheiden uns also dazu, unsere Marillenmarmelade ganz traditionell in ein Glas zu füllen, obwohl wir mittlerweile wissen, dass Einwegglas definitiv nicht die nachhaltigste Verpackungsmöglichkeit ist. Aber Marmelade aus der Dose wäre in Österreich unvorstellbar. Also muss ich mich jetzt fragen, wo kaufe ich die Gläser ein? Österreich verfügt über einige wenige Glasproduktionsstätten, sogenannte Glashütten, die durch die aktuelle Popularität von Glas gänzlich ausgelastet, wenn nicht sogar überlastet sind. Derzeit werden unter dem Einsatz vieler Ressourcen neue Glashütten gebaut, in der Hoffnung, dass Glas weiterhin im Trend liegt. Natürlich könnte man die Gläser auch zu einem viel günstigeren Preis aus Ländern wie China importieren. Dann muss man sich jedoch fragen, wie man die Einhaltung von Umweltstandards, wie zum Beispiel den Einbau von Filteranlagen in den Glashütten, die Arbeitssicherheit und oftmals auch die Lebensmittelsicherheit garantieren kann. Ich muss immer wieder schmunzeln, wenn ich von manchen zum Beispiel höre, was wir hier im kleinen Österreich zum Klimaschutz beitragen können – ohne diese Bemühungen geringzuschätzen, sind sie in Anbetracht dessen, *„was große Wirtschaftsmächte wie China anrichten"*, letztlich viel zu kurz gedacht. Leider scheinen nur die wenigsten zu bedenken, dass in China eine Vielzahl der Produkte, die sie selbst tagtäglich kaufen, ohne Einhaltung von Umweltstandards produziert werden. Würde China für die Herstellung der Waren, die wir in Europa konsumieren, unsere Umweltstandards einhalten – von Arbeitsschutz ganz zu schweigen –, wären diese Produkte wahrscheinlich fast genauso teuer wie unsere regional produzierte Ware. Im Fall von Ländern wie China sind es oftmals die Umwelt und die Arbeitskräfte. Denkt man wieder an die Frage „Wer ist verantwortlich?" sollten wir uns in Österreich nicht fragen, was wir schon ausrichten können, wenn man sich im Vergleich dazu die extrem hohen CO_2-Emissionen von China ansieht, sondern vielmehr bewusst einen Blick in den eigenen Warenkorb werfen. Das geht immer und da gibt es auch keine Ausreden.

Natürlich braucht unser Glas einen Deckel. Eine Bestellung aus Ländern wie China lehnen wir aus den oben genannten Gründen ausdrücklich ab. Österreichische Deckel gibt es aber leider keine. Dafür müssen wir bereits nach Italien, wobei sich hier auch nicht gewährleisten lässt, wo diese ihre Rohstoffe beziehen. Deckel sind ein komplexer Verbund aus unterschiedlichsten Materialien. Besonders wichtig ist der sogenannte Compound – die dünne Kunststoffbeschichtung auf der Innenseite des Deckels. Der Compound spielt eine wesentliche Rolle in der Versiegelung und damit für die Sicherheit des Inhalts. Wird der Compound erwärmt, dehnt er sich aus und umschließt das obere Ende des Glases, damit nichts mehr hinaus oder hinein kann.

Wusstest du, dass ... Deckel nicht für eine Mehrfachverwendung beim Einkochen geeignet sind?

Der Compound im Deckel wurde dafür geschaffen, sich einmalig durch Erhitzung an das Glas anzupassen. Er eignet sich jedoch nicht für eine weitere Erwärmung. Durch mehrfache Erhitzung wird der Compound spröde und porös, was bewirken kann, dass sich Mikrobestandteile

und Substanzen ablösen und ins Produkt übergehen. *Oftmals ist es üblich, dass man gebrauchte Deckel in Essigwasser auskocht, um sie für die Wiederverwendung zu desinfizieren. Das kochend heiße Wasser und die Säure des Essigs führen jedoch nur dazu, dass der Compound sich noch schneller auflöst.*

Erste Studien zeigen, dass der Compound im Deckel möglicherweise bereits beim ersten Verschließen gesundheitsschädliche Stoffe an das Produkt abgeben kann. Besonders bedenklich sind dabei die unterschiedlichsten enthaltenen Weichmacher, die vielleicht sogar krebserregend sind. Diese sind notwendig, damit sich das Innere des Deckels elastisch an das Glas anpassen kann. Mittlerweile gibt es allerdings auch Hersteller, die Deckel ohne Weichmacher produzieren. Durch die fehlenden Weichmacher ist der Compound jedoch härter und die Dichtung kann nur noch durch präzises mechanisches Verschließen in großen Abfüllanlagen gewährleistet werden und nicht mehr durch händisches Verschließen in kleineren Manufakturen oder durch Privatpersonen.

Nie im Leben hätte ich mir gedacht, dass etwas so Simples wie ein Glas und sein Deckel so unendlich kompliziert sein können. Am meisten hat mich jedoch die Tatsache schockiert, dass es keine veganen Deckel gibt. Kein Deckelhersteller lässt sich genau in die Karten schauen, welche Inhaltsstoffe in seinem Compound sind. Bis heute habe ich keinen Hersteller gefunden, der mir versichert, dass der Compound ohne tierische Bindemittel auskommt. Der Deckel war allerdings nicht meine letzte Überraschung: Auch im Klebstoff der Etiketten finden sich tierische Bindemittel. Mittlerweile gibt es zwar erste vegane Etiketten und Sticker, diese kosten aber das Zehnfache und halten die Abwechslung von kalt und warm – also raus aus dem feuchten Kühlschrank und auf den warmen trockenen Frühstückstisch – nur einige wenige Male aus, bevor sie vom Glas fallen. Unter diesen Umständen müsste ich wohl auf die Innenseite der abfallenden veganen Etiketten einen Informationstext schreiben, der erklärt, dass es sich hierbei nicht um einen Qualitätsmangel, sondern um die Beschaffenheit veganer Etiketten handelt. Kauft man sich also eine Marmelade im Glas mit einer veganen Zertifizierung, so gilt dies vorerst nur für den Inhalt.

Das dicke Ende kommt aber noch: Unsere Gläser kommen zum Transport in Kartons aus Recyclingpapier, das um ein vielfaches ressourcenintensiver ist, als wenn ich eine Lage Gläser mit einer dünnen Schicht Plastik folieren würde. Davon abgesehen, dass ich die Palette für den Weg zum Supermarkt ohnehin auf Anweisung in meterweise Plastikfolie einhüllen muss – für einen sicheren Transport. Doch nachhaltige Produkte werden laut aktueller Ansicht vieler Konsument*innen nicht in Plastik verpackt und angeliefert. Glas und Papier sind dabei derzeit die einzig akzeptablen Verpackungen und daran habe ich mich als Produzentin zu halten, wenn ich meine Produkte verkaufen möchte. Denn wie ich gelernt habe, darf man nachhaltige Produkte nicht an den Vorstellungen von Konsument*innen vorbei designen.

„Das ist aber schon teuer für eine Marillenmarmelade!"

Diesen Vorwurf hören wir immer wieder. Dann bin ich ratlos und antworte, nachhaltige Produkte und Dienstleistungen sind nur in seltenen Fällen überteuert (Missbräuche des Begriffs Nachhaltigkeit sind hier ausgeschlossen). Vielmehr bilden sie meist den tatsächlichen Preis einer Ware ab. Man darf nicht vergessen: Für billige Produkte hat immer irgendwer irgendwo den wahren Preis bezahlt. Sei es durch Ausbeutung oder Subventionen. Allein die Tatsache, dass etwas günstiger am Markt zur Verfügung steht, bedeutet noch lange nicht, dass dieser Preis nachhaltig möglich ist. Natürlich gibt es im Supermarkt Marillenmarmelade um 1 Euro, dass dafür aber Ausbeutung und umweltbelastende Praktiken über die gesamte Wertschöpfungskette notwendig sind, wird dabei oftmals nicht bedacht. Wie viel bekommen Erntehelfer*innen bei diesem Endpreis wohl für ihre Arbeit bezahlt? Wie werden wohl ihre Unterkünfte aussehen? Wie viel können Landwirt*innen beim Verkauf der verarbeiteten Marillen verdienen? Der eine bezahlt mit Leid, der andere vielleicht mit landwirtschaftlichen Subventionen. So oder so, irgendjemand bezahlt immer.

Jetzt sitze ich hier, mit all meinen guten Vorsätzen. Vor mir ein Marmeladebrot mit unserer Marillenmarmelade, die nicht ganz so nachhaltig ist, wie ich sie mir anfangs erträumt habe. Wir haben alles versucht, trotzdem gibt es noch immer so vieles, das man aus

Sicht der Nachhaltigkeit bemängeln könnte. Manche Mängel könnten wir mit Geld ausgleichen, doch dann würde das Glas Marillenmarmelade am Ende 10 Euro kosten. Für andere Mängel gibt es bis heute keine nachhaltige Alternative. Es war für mich unvorstellbar, dass man sich jahrelang mit etwas eigentlich so Simplem wie Marillenmarmelade beschäftigen und trotzdem an der Herausforderung scheitern kann. Dazu trinke ich einen Cappuccino. Obenauf eine Haube Milchschaum aus Kuhmilch. Immer wieder denke ich dabei an die Kuh meiner Großmutter, als sie ein Kalb zur Welt brachte. Ich sehe die Mutterkuh vor mir stehen, in dem kleinen Stall aus Beton und Metallstangen. Den Kopf mit einer schweren Kette angebunden stand sie da, auf einem kleinen Teppich Stroh, und sah mich mit ihren wunderschönen großen Augen an. Und da war es plötzlich, das neugeborene Kalb. Kaum hatte die Mutterkuh das Kalb ein wenig abgeleckt und in der Welt begrüßt, wurde es ihr sofort entrissen. Es

kam ein paar Meter weiter in eine kleine abgetrennte Box aus Beton mit hohen Metallstangen. Die Mutterkuh wurde gemolken und die Milch kam ihn einen Metalleimer, an dessen unterem Ende eine Art Kuhzitze aus Plastik angebracht war. Dieser Eimer wurde dann in die Box des Kalbes gehängt. Es schmerzte mich, diesem kleinen zerbrechlichen Wesen zuzusehen, wie es einsam und verloren auf wackeligen Beinen in seiner vergitterten Box stand und die Milch der eigenen Mutter aus der Plastikzitze eines Metalleimers trinken musste. Doch dies sei notwendig, um die Milch der Mutterkuh effizient nutzen zu können. Das Kalb hatte, wie die meisten seiner Artgenossen, ab seiner Geburt keinen körperlichen Kontakt mehr zur Mutter. Bis heute kann ich hören, wie die beiden vor Trennungsschmerz schrien. Bei meinem nächsten Besuch war das Kalb schon wieder verschwunden. Ich habe nie nachgefragt.

Meine Großmutter hat ihre Kühe über alles geliebt. Jede hatte einen Namen und im Sommer brachte sie sie jeden Tag auf die Weide und strich ihnen zärtlich über die Stirn. Doch selbst in diesem liebevollen Umfeld bedeutete Milch für die Tiere unfassbares Leid. Als erwachsene Frau erlebte ich einmal mit, wie eine Kuh vom Schlachter abgeholt wurde – sie war zu alt geworden, um noch ausreichend Milch zu geben. Mit Tränen in den Augen hielt meine Großmutter den Kopf ihrer Kuh in beiden Händen und sah sie an, als würde sie sich bei ihr für das Bevorstehende entschuldigen wollen. Während ich diese Zeilen schreibe, nehme ich einen großen Schluck von meinem Cappuccino, ich schmecke die Milch, für die irgendwo einem Kalb und seiner Mutter großes Leid zugefügt wurde. Ich beiße ab von meinem Marmeladebrot und denke an die prekären und belastenden Arbeitsbedingungen vieler Erntehelfer*innen, die Marillen für Marmelade pflücken müssen. Die meisten von ihnen sind oft monatelang von ihren Kindern und Familien getrennt. Untergebracht in irgendwelchen Baracken. Desaströse Bedingungen. Ich denke an die netten Bauern und Bäuerinnen, bei denen ich so lange war und die ihre Betriebe mittlerweile schließen mussten, weil sie mit den globalen Preisen einfach nicht mehr mithalten konnten und wollten. Ich denke lange darüber nach, dass ich meine Produkte in Verpackungen verkaufen muss, von denen ich weiß, sie entsprechen nicht der nachhaltigsten Variante. Ich mache es trotzdem – widerwillig –, nur weil Konsument*innen eine bestimmte Verpackung von mir erwarten, die ihrem Bild von Nachhaltigkeit entspricht. Ich betrachte das schöne Etikett auf dem Glas und denke an die toten Tiere, die im Klebstoff enthalten sind.

Da war sie wieder dahin, meine Hoffnung. Es hat sich angefühlt, als wäre ich in meinem Bestreben nicht nur als Person, sondern nun auch als Unternehmerin gescheitert, wirklich nachhaltig zu sein. Für mich ließ das nur noch einen Schluss zu: **Nachhaltig gibt's nicht.**

DAS FLEISCH-PARADOX:
MORALISCHE SCHIZOPHRENIE AM BEISPIEL VON VEGETARISMUS

Vegan und vegetarisch lebende Menschen werden oft als arrogant empfunden. Dies ist nicht einfach meine persönliche Meinung, sondern wurde 2011 in einer Studie der Universitäten von Pennsylvania und Stanford belegt. Dabei wurden die Teilnehmenden zu ihrer Einstellung gegenüber Vegetarier*innen befragt und gebeten, drei Wörter zu nennen, die sie mit ihnen assoziieren. 47 Prozent der Teilnehmenden hatten mindestens eine negative Anmerkung wie beispielsweise „seltsam", „arrogant", „predigend", „militant", „angespannt" und „dumm". Auffallend war, dass Teilnehmende, die sich negativ über Vegetarier*innen äußerten, erwarteten, dass Vegetarier*innen sich den Fleischesser*innen moralisch überlegen fühlen. Und tatsächlich bestätigt eine weitere Studie, dass Vegetarier*innen dazu neigen, die Tugendhaftigkeit ihrer Gleichgesinnten höher einzuschätzen als die von Fleischesser*innen. Größer angelegte Befragungen in der Gesellschaft ergaben auch die spannende Zuschreibung und Einstufung, Vegetarier*innen wären insgesamt „tugendhafter" als Fleischesser*innen. Diese zugeteilte Überlegenheit birgt eine ausschlaggebende Quelle der Feindseligkeit. Denn bedauerlicherweise gibt es doch einige vegetarisch und vegan lebende Menschen, die diese Überlegenheit tatsächlich gerne für sich beanspruchen und als solche in die Welt hinaustragen. Sie stellen Fleischesser*innen ganz bewusst an den mehr oder weniger öffentlichen Pranger. Auch ich habe Menschen in meinem Freundeskreis, die häufig „Fleisch ist Mord" auf ihren Social-Media-Kanälen posten und beim gemeinsamen Abendessen ganze Bergpredigten über das Leid von Tieren halten – natürlich mit der Absicht und in der Hoffnung, alle zu bekehren. Meiner Meinung nach ist ihnen nicht bewusst, dass sie mit dem erhobenen moralischen Zeigefinger sicherlich niemanden zur pflanzlichen Ernährung bewegen, sondern vielmehr eine negative Dynamik und Ablehnung verstärken.

Genuss und Freude am gemeinsamen Essen leiden durch moralisierende vegan und vegetarisch lebende Menschen aber nicht nur bei Fleischesser*innen. Über Umwege schaffen sie es sogar, mir als Vegetarierin die Gemütlichkeit meiner Mahlzeiten mitunter zu versauen, denn das Moralisieren so mancher führt scheinbar zu dem Drang, sich für den eigenen Fleischkonsum zu rechtfertigen.

Das bekomme ich immer wieder zu spüren, wenn ich in ländlicheren Gegenden als Vegetarierin in Restaurants oft vergeblich nach fleischlosen Optionen in der Speisekarte suche. So kommt es, dass ich des Öfteren nachfragen muss, was die Küche in diese Richtung bietet. Geschieht dies in Gegenwart neuer Bekanntschaften, sei es beruflich oder privat, kann ich mit ziemlich hoher Wahrscheinlichkeit davon ausgehen, dass jemand aus der Runde mich fragt, warum ich kein Fleisch esse. Mit einer noch viel höheren Wahrscheinlichkeit folgen auf meine Antworten Ausführungen der oder des Fragenden, dass man selbst nur ganz selten Fleisch esse und wenn, dann sowieso nur biologisches Fleisch, am besten vom Bauern aus der Region. Man bekommt dabei fast den Eindruck, sie kannten das Schwein oder das Rind sogar persönlich. Oft muss ich mir diese Erläuterungen anhören, während sie sich den ersten Bissen aus einem frisch panierten Schnitzel schneiden, das ganz bestimmt nicht biologisch ist. Ganz offen gesprochen: Früher hat mich diese Situation furchtbar genervt. Erstens, weil ich im Gegensatz zu manch anderen nicht ständig Lust habe, meinen Vegetarismus zu thematisieren. Zweitens interessieren mich die Essgewohnheiten anderer Menschen auch nicht immer in dem Detailgrad, der mir in diesen Situationen ungefragt geboten wird. Vor allem nicht, wenn das Gesagte und das Beobachtete nicht zusammenpassen. Während dies für fleischessende Leser*innen womöglich übertrieben klingen mag, stimmen mir die vegetarischen und veganen Leser*innen sicherlich zu, dass wir genau dieses Gespräch, in genau diesem Ablauf, schon mehr als hundertmal in unserem Leben führen mussten. Gefühlt: Jedes einzelne Mal. Zu Beginn habe ich vor allem meinen moralisierenden Artgenoss*innen die Schuld an dieser Misere gegeben. Dann habe ich mich gefragt: Warum lassen sich Fleischesser*innen in solchen Situationen so aus der Reserve locken?

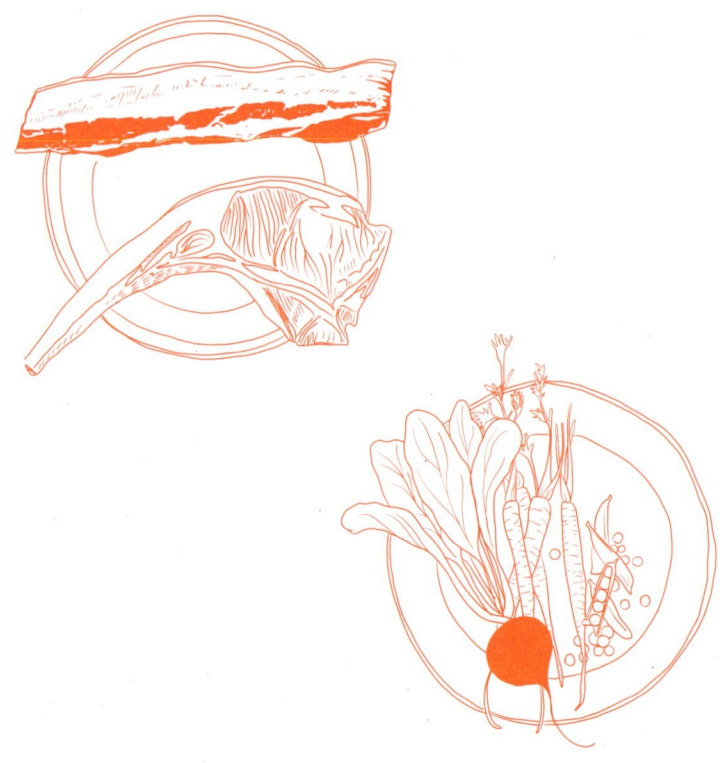

Tatsache ist, dass viele Menschen Tiere lieben. Viele dieser Menschen lieben es auch, Tiere zu essen. Es stellte sich also generell die Frage, wie schaffen es diese Menschen, sich ihre Liebe zu Tieren und zu Fleisch – toten Tieren – zu erklären und vor sich zu rechtfertigen? Wie kann ich etwas, das ich liebe, töten und essen? Wie kann ich mich im Netz über Videos von süßen Kälbern freuen und dann ein Kalbsschnitzel essen? Wenn eine Person zwei inkompatible Ansichten hat und eine davon ausführt, spricht man von „kognitiver Dissonanz". Innerlich gerät die Zuneigung zu Tieren mit der Vorstellung in Konflikt, dass es in Ordnung ist, sie zu essen. Die Psychologie bezeichnet dieses Phänomen als „Fleisch-Paradox" oder in härteren Worten auch als „moralische Schizophrenie".

Glücklicherweise kann uns das Gehirn extrem gut vor Realitäten schützen, denen wir uns nicht stellen wollen. Oder können. Wir verfügen dafür über eine ganze Reihe von psychologischen Tricks. In Bezug auf (unbewusste) Skrupel bei Fleischkonsum hat die Psychologie bisher etwa fünfzehn Strategien ausfindig gemacht, die sich Fleischesser*innen zunutze machen, um ihr eigenes Tun vor sich selbst zu rechtfertigen. Dazu zählen unter anderem die Vorstellung, dass man viel weniger davon isst, als man tatsächlich macht; der Gedanke an eine artgerechte Tierhaltung; vorsätzliche Unkenntnis, über die Tierindustrie; die Vorstellung, dass Tiere keine Gefühle empfinden wie wir Menschen; der Gedanke, dass dies schon immer zu unserer ausgewogenen Ernährung gezählt hat; und die Verniedlichung von glücklichen Nutztieren in Cartoons und in der Werbung. Dazu kommen dann noch Werbungen von der Fleischindustrie mit dem Slogan „Fleisch bringt's" und die Angstmache von Mangelerscheinungen bei pflanzlicher Ernährung.

Fleisch essen gilt für die meisten Menschen als normal. Dadurch vermeidet man, darüber nachzudenken, dass das Essen von Tieren eine Wahl ist, die man aktiv treffen kann. Trifft eine Fleischesserin jedoch beim Abendessen auf eine Vegetarierin, dann empfindet sie sich plötzlich nicht mehr als normal, sondern fällt automatisch in die Kategorie Fleischesserin. Bereits durch ihre bloße Existenz zwingen Vegetarier*innen viele Menschen dazu, sich ihrer eigenen kognitiven Dissonanz zum Thema Fleischkonsum zu stellen. Moralisierende vegetarisch und vegan lebende Menschen gießen dann noch Benzin ins Feuer dieses inneren Zwiespalts. Ihre sonst so hilfreichen psychologischen Tricks, warum sie Tiere trotz ihrer Liebe zu ihnen essen können, funktionieren durch die direkte Konfrontation nicht mehr (so gut). Um zu beweisen, dass man Tiere auch liebt, bleibt nichts anderes übrig, als sich (ungefragt) zu verteidigen. Innere Rechtfertigung wird nach außen artikuliert, da sie gerade im Inneren nicht mehr funktioniert. Die dadurch aufkommenden negativen Gedanken und Gefühle sind für die meisten Menschen mehr oder weniger unangenehm. Manche werden dabei sogar wütend, da sie sich mit diesen belastenden Emotionen bei einem gemütlichen Abendessen nicht auseinandersetzen wollen.

Besonders bemerkenswert ist, dass die emotionalen Reaktionen zwischen Menschen, die sich vegetarisch, und jenen, die sich vegan ernähren, oft noch wesentlich intensiver sind als zwischen Fleischesser*innen und Vegetarier*innen. Fleischesser*innen stufen vegan lebende Menschen oftmals prinzipiell als „zu extrem" ein oder verweisen auf die angeblich häufig auftretenden Mangelerscheinungen als Folge veganer Ernährung. Dass die Blutbilder von Veganer*innen hingegen oft zu den besten zählen, wird dabei gerne ignoriert. Heikler sind die Differenzen zwischen veganen und vegetarischen Menschen, da sie auf ein sehr ähnliches Wertesystem aufbauen, dessen gemeinsamer Grundsatz lautet: keine Tiere töten. Veganer*innen wird in ihrem Handeln von beiden Seiten noch mehr Integrität und Konsequenz zuerkannt als Vegetarier*innen. Dies liegt daran, dass Letztere die Beweggründe vegan lebender Menschen meist voll und ganz nachvollziehen können, jedoch den Schritt zum Veganismus (noch) nicht gegangen sind.

Denn auch Milch bedeutet Leid und schlussendlich den Tod für unzählige Kühe. In der Milchindustrie werden zur Produktion von Milch tausende Kälber gezüchtet und geschlachtet. Milchkühe werden oftmals unter verheerenden Umständen gehalten. Mutterkühe und Kälber erleben einen schweren Trennungsschmerz und auch die Mutterkühe werden geschlachtet, sobald sie ihre produktivste Lebenszeit überschritten haben. Um die Milch- und Fleischproduktion zu erhöhen, wurden Kühe so hochgezüchtet, dass sie ohne Kraftfutter auf einer Weide verhungern würden. Noch viel schlimmer ist die Situation bei Hühnern. Schon in der Aufzucht der Küken werden alle männlichen Küken vom Fließband händisch aussortiert und in einen Schredder geworfen oder vergast. Hähne sind für die Lebensmittelindustrie wirtschaftlich uninteressant, sie legen keine Eier und die Masse und Qualität ihres Fleisches reicht gerade Mal für ein Suppenhuhn. Auch die ersten neuen Ansätze unterschiedlicher Biomarken, bei denen Hähne nicht mehr sofort nach der Geburt getötet werden, führen nur zu einem verzögerten Tod bei der Schlachtung nach maximal sechs Monaten. Für das beliebte zarte Brustfleisch wurden Hühner so überzüchtet, dass sie durch die viel zu große Brust Gleichgewichtsprobleme bekommen und nach vorne kippen. Manchmal könnte man meinen, am liebsten würde die

Menschheit Hühner mit zehn Flügeln züchten, damit sie noch effizienter für die Grillsaison genutzt werden können. Viele Vegetarier*innen haben für das Tier-Leid ein Bewusstsein entwickelt, doch auch sie schützt ihr Gehirn durch Tricks vor dieser traurigen Wahrheit. Das Pendant zum Fleisch-Paradox ist hier das „Milch-und-Ei-Paradox" der Vegetarier*innen. Dadurch fühlen sich Vegetarier*innen veganen Menschen nachweislich moralisch unterlegen und in ihrer Integrität angegriffen. Vegetarier*innen erleben deshalb oft negativere Emotionen, wenn sie mit Veganer*innen konfrontiert sind, als wenn Fleischesser*innen auf Vegetarier*innen treffen.

All das wurde mir schlagartig bei einem gemeinsamen Abendessen mit meiner vegan lebenden Freundin Flora bewusst. Flora musste in der Pizzeria natürlich nachfragen, ob es eine vegane Pizzamöglichkeit für sie gäbe. Und da passierte es: Ich begann ungefragt und in aller Ausführlichkeit darüber zu erzählen, dass ich auch nur ganz wenig Milchprodukte esse und wenn, dann sowieso nur biologisch. All das erzählte ich ihr, während ich einen großen Bissen von meiner Quattro Formaggi abschnitt, die sicherlich nicht mit biologischem Käse gemacht wurde. Da ging mir ein Licht auf: So fühlt sich das also an, wenn man als Fleischesser*in mit mir essen geht ...

Für viele von uns gilt: Distanz und die Tricks unserer Psyche ermöglichen ein Handeln, das unseren Werten widerspricht. Wirklich bewusst wird uns das aber erst, wenn uns jemand mit den negativen Konsequenzen unserer Handlungen konfrontiert. Dies gilt nicht nur für den Konsum von Fleisch.

Nachhaltig gibt's nicht

Nachhaltig gibt's nicht

(Fast) niemand möchte, dass Tiere leiden müssen, obwohl wir sie essen wollen. Genauso will kaum jemand – sei es aus moralischen oder rationalen Gründen –, dass Bienen sterben, die Artenvielfalt zurückgeht, Kinder in Plantagen oder Sweatshops ausgebeutet werden, Polkappen schmelzen oder Schildkröten an Plastikmüll im Meer verenden. Geht es um die entsprechend nötigen Konsequenzen im Handeln, treffen jedoch auch hier oftmals zwei sich gegenseitig ausschließende Wünsche aufeinander. In anderen Worten, es kommt zu einem „Nachhaltigkeits-Paradox". Ein Beispiel: Ich bin mir sicher, dass niemand will, dass Kinder für die Technologie- und Modeindustrie ausgebeutet werden. Man möchte aber trotzdem das neueste Handy mit der großartigen Kamera oder das schicke neue Kleid für die Hochzeit der besten Freundin. Wie beim Fleischverzehr fällt es dem Gehirn auch hier relativ leicht, nicht an die negativen Konsequenzen für Menschen, Tiere und die Umwelt zu denken, die durch unseren Konsum weit, weit weg entstehen. Durch unseren globalen Markt wird es uns seit Jahrzehnten immer leichter gemacht, uns den Konsequenzen unserer Handlungen und unseres Konsums zu entziehen. Wenn man sich ein neues Handy oder Kleid kauft, sieht man nicht automatisch das Elend der Kinder, die es unter menschenunwürdigen Bedingungen gebaut oder genäht haben. Man sieht nicht den Raubbau an der Umwelt, der für die Ressourcen notwendig war. Man weiß nicht, um wie viel mehr die Polkappen deswegen geschmolzen sind. Man hat keine Ahnung, wie viele Tiere deshalb ihr Zuhause verloren haben. Und solange man sich von Berichten, Dokumentationen und Videos fernhält, die einem all diese Missstände und Konsequenzen schmerzlich vor Augen führen, wird man mit dieser Wahrheit und dem eigenen inneren Konflikt auch nicht konfrontiert. Doch was passiert, wenn es dessen ungeachtet jemand wagt, lauthals auf unsere Missstände aufmerksam zu machen?

Our house is on fire: Warum die junge Schwedin so viele wütend macht

Hunderttausende Menschen weltweit folgten 2019 dem Aufruf der schwedischen Umweltaktivistin Greta Thunberg zu den Klima-Demos *Fridays for Future*. Für sie alle stand außer Zweifel: Es muss sich dringend etwas ändern!

Während Umwelt- und Klimaschutz bisher ein Randthema war, verhalf die *Fridays-for-Future*-Bewegung dem Problem zu einem noch nie dagewesenen öffentlichen Interesse. Klimaschutz wurde zum gesellschaftlichen und politischen Mainstream und im Wahlkampf 2019 gab es keine Partei, die den Klimawandel nicht mehr oder weniger ausführlich im Parteiprogramm erwähnt hat. Doch nicht alle freuen sich über diese Entwicklungen. Eine unglaubliche Welle an Hass und Verachtung traf Greta und ihre gesamte Bewegung. Menschen bezeichneten die damals erst sechzehnjährige Schülerin als hysterische Göre, die lieber in die Schule gehen solle, anstatt zu demonstrieren. Ihre Herangehensweise wurde als „Zöpferl-Diktatur" und Klimahysterie bezeichnet. Wenn man nun wie ich fest daran glaubt, dass im Grunde niemand möchte, dass Menschen, Tiere und die Umwelt leiden, fragt man sich, warum nicht alle Menschen hinter Gretas Initiative standen.

Einer der Hauptkritikpunkte an Greta und ihrer *Fridays-for-Future*-Bewegung ist, dass sie keine Lösungen anbieten, sondern hauptsächlich offensiv anklagen. Formulierungen wie *„How dare you?"* und *„I want you to panic!"* gingen um die Welt. Gerade diese beiden Wendungen haben sich inzwischen zu feststehenden Begriffen etabliert. Und während sich Greta mit ihren Worten eigentlich an die Weltpolitik wandte, fühlten sich viele Menschen von ihr persönlich angegriffen. Wie konnte das geschehen?

Kehren wir zurück zum Gedanken eines feinen Abendessens, bei dem man einfach in aller Ruhe sein Schnitzel genießen möchte. Auftritt der empörten jungen Vegetarierin: *„Wie kannst du nur?"* Plötzlich wird es ungemütlich. Durch das neu gewachsene Umweltbewusstsein wird man nicht mehr nur damit konfrontiert, wie sehr das Schnitzel im Widerspruch zur eigenen Tierliebe steht, sondern bekommt nun darüber hinaus noch die harten Fakten serviert, wie viele Hektar Land und wie viele Liter Wasser verbraucht wurden, um das Fleisch für dieses Schnitzel zu erzeugen. Um wie viel mehr an Ressourcen man beansprucht, als man verantworten kann. Wie sehr Menschen im globalen Süden, unter anderem, wegen dieses Schnitzels leiden müssen. Sie verhindert mit ihren Worten, dass die bisherigen Taktiken der Ablenkung von den Konsequenzen unseres Konsums funktionieren. Das ungreifbar Ferne wird durch sie plötzlich aufdringlich nah und das ist für viele (zu) unangenehm. Genau wie beim Fleisch-Paradox rufen solche Menschen negative Gefühle hervor, die man schnellstmöglich wieder loswerden möchte. Eine einfache Lösung dafür ist natürlich, die junge Frau abzuwerten und so schnell wie möglich wieder zum Schweigen zu bringen, um dann wieder in aller Seelenruhe sein Fleisch weiterhin genießen zu können.

Selbstverständlich greift die simple Metapher vom seelenruhigen Schnitzelgenuss viel zu kurz, um die Ursache der Widersprüche und Spannungen zu erfassen, die das Thema Nachhaltigkeit zunehmend bewirkt. Aus meiner Sicht stellen die beiden Lager der *Fridays-for-Future*-Bewegung und der Gegner*innen der „Zöpferl-Diktatur" das Abbild der wachsenden Spaltung unserer Gesellschaft dar. Obwohl sich (weitestgehend) alle einig sind, dass es ein wichtiges und erstrebenswertes Ziel ist, Leid und Schaden an Menschen, Tieren und der Umwelt zu verhindern, ist allein schon der Begriff Nachhaltigkeit für viele mittlerweile ein absolutes Reizwort. Meines Erachtens tragen fünf grundlegende Hemmnisse der Nachhaltigkeit besonders zur negativen Entwicklung dieser Dynamik bei:

1. Begriff

Nachhaltigkeit ist ein abstrakter Begriff, der für die wenigsten Menschen greifbar ist und vielfach missbraucht wird.

2. Wissen

Niemand kann sich der Tragweite jeder einzelnen Handlung bewusst sein.

3. Kapazitäten

Nicht jede*r hat die gleichen Kapazitäten und Voraussetzungen für Nachhaltigkeit.

4. Prioritäten

Für die wenigsten hat Nachhaltigkeit (immer) oberste Priorität.

5. Schuld

Nachhaltigkeit arbeitet mit Scham, Schuld und dem moralischen Zeigefinger.

1. Begriff: „Dein Auto ist aber nicht ... ähm ... vegan!"

Mit dieser eher missglückten Aussage wollte ein älterer Herr im Gastgarten eines traditionellen Wiener Beisels wohl zum Ausdruck bringen, dass das sportliche Auto meines Bruders nicht zum nachhaltigen Konzept unseres Unternehmens passt. Dieser kuriose Vorwurf bringt deutlich zum Ausdruck, dass Nachhaltigkeit für viele bis heute eine undurchschaubare Angelegenheit ist. Begriffe wie bio, vegan, natürlich, ökologisch, nachhaltig, grün und vegetarisch vermischen sich zu einem undefinierten Konglomerat ideologisch besetzter Vorstellungen. Nicht selten werden sie politisiert und zusätzlich emotional aufgeladen. Da es für Nachhaltigkeit bis heute keine verbindliche Definition gibt, bleibt der Begriff beliebig anwendbar. Diese Unbestimmtheit öffnet für Politik und Wirtschaft Tür und Tor, um Nachhaltigkeit als Feigenblatt und für Werbemaßnahmen zu missbrauchen. Aber obwohl der Begriff Nachhaltigkeit noch so weit gefasst verstanden und gebraucht wird, ist er dennoch überaus populär geworden.

Mit der steigenden Bekanntheit ist beispielsweise die Bereitschaft gewachsen, für Nachhaltigkeit mehr Geld auszugeben, es dauerte demnach nicht lange, bis sich das Phänomen des sogenannten Greenwashings entwickelte. Dahinter verbirgt sich die Taktik von Politik und Unternehmen, sich oder ihre Produkte in der Öffentlichkeit medienwirksam als umweltfreundlicher und verantwortungsbewusster zu präsentieren, als sie es tatsächlich sind. Dabei geht es nicht nur um das Image, sondern vielmehr darum, skrupellos und häufig ohne jede Grundlage Geld am wachsenden Umweltbewusstsein der Menschen zu verdienen. Der Begriff Nachhaltigkeit wird mehr oder weniger verantwortungsbewusst eingesetzt. Erst bei genauerem Hinsehen erkennt man die manchmal groß angelegten Täuschungen.

Einige Modegiganten bewerben seit kurzem ihre neuen nachhaltigen Produktlinien aus recycelten Kleidern. Es handelt sich hierbei aber oft um genau jene Konzerne, die jährlich tonnenweise unverkäufliche Kleidung verbrennen. Ganz zu schweigen von den katastrophalen Bedingungen, die in ihren Textilfabriken herrschen. Bereits vor vielen Jahren zeigten investigative Dokumentationen wie *The Dark Side of Chocolate* oder CNNs *Chocolate Child Slave* die katastrophalen Hintergründe der globalen Schokoladeproduktion auf. Darin wurden schwere Anschuldigungen erhoben, dass Kinder als Sklaven an Kakaoplantagen in Westafrika verkauft wurden und dort unbezahlt arbeiten mussten. Die Kinder wussten nicht einmal, wo sie gerade waren. Große Konzerne wie Mars, Hershey und Nestlé gaben damals sogar zu, dass es gewisse Missstände in den Plantagen gebe und man sich bemühen werde, daran etwas zu ändern. Doch auch im Jahr 2020 gibt es noch unzählige Beweise für das Fortbestehen des Kindersklavenhandels in den Kakaoplantagen. Keiner der großen Schokoladenhersteller dieser Welt kann derzeit versprechen, dass seine Produkte frei von Kindersklaverei sind. Ungeachtet dessen präsentieren sich unzählige dieser großen Schokoladenhersteller mittlerweile mit einem ausführlichen Nachhaltigkeitsreport als verantwortungsvoll. Viele mehr oder weniger aussagekräftige Nachhaltigkeitssiegel strahlen von den Packungen und sollen so einen vertrauenswürdigen Eindruck erwecken. Dass aber viele dieser Siegel von den Unternehmen selbst geschaffen wurden, manche nur sehr geringe Auflagen zu erfüllen haben und viele nicht einmal kontrolliert werden, steht nicht dabei.

Wusstest du, dass ... der Marine Stewardship Council – bekannt als MSC-Gütesiegel und -Zertifizierungsprogramm für nachhaltige Fischereien – 1997 von dem Konzern Unilever ins Leben gerufen wurde?

Obwohl das Siegel damals gemeinsam mit dem WWF ausgearbeitet wurde, hagelt es heute von vielen Umweltschutzorganisationen, darunter dem WWF selbst, sehr viel Kritik dafür und das mittlerweile gut etablierte Gütesiegel wird von ihnen als „absolut nicht vertrauenswürdig" eingestuft.

Auch Begriffe wie Naturkosmetik, natürlich, *eco-friendly* oder klimaneutral lassen viel Nachhaltigkeit erhoffen. Der Begriff Naturkosmetik ist in Deutschland aber nicht geschützt und kann so ohne jede Grundlage und Kontrolle von jeder und jedem verwendet werden. Andere Kosmetikprodukte versuchen sich mit ausgewiesenen „natürlichen Inhaltsstoffen" etwas nachhaltiger zu machen. Wir erinnern uns an das im Labor gezüchtete Vanillin, das ebenfalls als natürliche Zutat gilt. Fluglinien bieten mittlerweile klimaneutrale Flüge an. Und das Ganze schon ab nur 20 Euro. In Wahrheit müsste man sagen, dass ein Produkt oder eine Dienstleistung CO_2 kompensiert wird. Mit dem Geld werden Projekte für nachhaltigere Energiegewinnung oder das Pflanzen von Bäumen finanziert. Die CO_2-Emissionen eines Städtetrips lösen sich dadurch jedoch trotzdem nicht in Luft auf.

Manchmal braucht es für die Täuschung nicht einmal große Worte. Oftmals reichen schon eine grünbraune Verpackung und schöne Bilder von Bergen und Bäumen, die den Konsument*innen den Eindruck von natürlich und nachhaltig vermitteln sollen. Viel zu oft sieht man ebenfalls in der Werbung für Milch aus konventioneller Massentierhaltung Kühe glücklich auf der Alm weiden. Ein weiteres Beispiel dafür, wie gut uns manchmal allein die Optik täuscht, sind auch Märkte. Auf vielen Märkten wird importiertes und konventionell erzeugtes Obst und Gemüse aus aller Welt verkauft. Doch allein die Tatsache, dass es auf einem Marktstand verkauft wird und in schönen Weidenkörben angeboten wird, löst bei einigen Konsument*innen das Gefühl aus, es handle sich dabei um regionale und nachhaltige Produkte und nicht um importierten Paprika aus Spanien oder Marillen aus Marokko.

Greenwashing nutzt die guten Intentionen von Menschen schamlos aus, die sich ehrlich für nachhaltigeren Konsum interessieren und bereit sind, dafür mehr Geld auszugeben. Durch das Versprechen nachhaltigeren Konsums wird der Eindruck erweckt, mit einer bestimmten Kaufentscheidung die Welt – ohne jeglichen Verzicht – verbessern zu können. Doch immer wieder werden zahlreiche Unternehmen in medienwirksamen Skandalen entlarvt. So ist es nicht weiter verwunderlich, dass die Worte nachhaltig, natürlich oder *eco-friendly* von vielen nicht mehr ernst genommen werden können und als reine Geldmacherei abgetan werden. Das eigentliche Konzept der Nachhaltigkeit, wie es vom Club of Rome entwickelt wurde, gilt vielen nun nur noch als Werbemittel des Kapitalismus ohne jegliche Ernsthaftigkeit. Die Unbestimmtheit oder vielmehr die selbstbestimmten Definitionen von Nachhaltigkeit und das Fehlen eines sanktionierbaren Regelwerks lassen viele in Ungewissheit zurück. Konsument*innen werden zwangsläufig immer mehr verunsichert: Was kann ich glauben? Wem kann ich noch vertrauen? Niemand weiß, was Slogans wie *eco-friendly* oder natürlich tatsächlich bedeuten. In der Industrie will sich auch niemand so recht festlegen und einklagbar sind undefinierte Nachhaltigkeitsversprechen oftmals erst recht nicht. Eine Vielzahl von Skandalen hat schließlich dazu geführt, dass Nachhaltigkeit für viele zu einem leeren Schlagwort wurde – zu einer Verkaufsstrategie, um Produkte teurer vermarkten zu können, eine Imagekampagne, um in der Politik Wählerstimmen zu generieren. Und wenn der nette Mann vom Gastgarten nebenan dann in der Zeitung vom Skandal eines vermeintlich nachhaltigen Konzerns liest, wird er sich einfach nur denken: „Ich hab's doch immer schon gewusst, reine Geldmacherei, dieses vegan!" Warum ist Greenwashing überhaupt möglich und weshalb durchschauen Konsument*innen dergleichen Taktiken nicht?

2. Wissen: Warum es nicht einfach einfacher ist

Bedenkt man die Komplexität unserer Marillenmarmelade, wird rasch klar: Uns fehlt schlicht die Zeit, uns mit jedem einzelnen Produkt oder Siegel ausreichend auseinanderzusetzen und herauszufinden, was da nun wirklich dahintersteckt. Wir möchten uns auf die beworbenen Attribute einfach verlassen können. Obwohl ich mich schon fast mein ganzes Leben mit Nachhaltigkeit beschäftige, ist es für mich immer noch unmöglich, bei der Vielzahl an Produkten am Markt sofort zu erkennen, ob ihnen der Titel nachhaltig tatsächlich gebührt oder ob es sich dabei um Greenwashing handelt. Und das wie gesagt nach einer fast zwanzigjährigen professionellen Beschäftigung mit Nachhaltigkeit, nach drei Studien, zwei Masterarbeiten, meinem eigenen produzierenden Nachhaltigkeitsunternehmen, unzähligen wissenschaftlichen Beiträgen und Expert*innengesprächen, Blogbeiträgen, Kongressen und Fachliteratur. Es würde auch für mich Tage, wenn nicht sogar Monate brauchen, um einem einzelnen Produkt oder Versprechen auf die Schliche kommen zu können. Viele Umweltschutzorganisationen arbeiten jahrelang daran, ein einziges Unternehmen des Greenwashings zu überführen, und bei manchen würde dies selbst trotz größtmöglicher Anstrengungen nicht möglich sein. Das liegt aber nicht nur daran, dass sich die wenigsten Unternehmen in die Karten schauen lassen.

In fast allen Bereichen unseres Lebens sind die Komplexität und der aktuelle Stand der Wissenschaft und Technik mittlerweile so hoch, dass es für einen einzelnen Menschen nahezu unmöglich ist, die Tragweite seiner Handlungen bis ins letzte Detail zu verstehen. So bin ich auch bei meiner eigenen Marillenmarmelade bis heute nicht in der Lage, über jedes Detail absolut alles zu wissen. Es gibt mittlerweile schon für jeden noch so kleinen Teilbereich wissenschaftliches und wirtschaftliches Expertentum. Die Wissenschaft hinter Nachhaltigkeit könnte vielfältiger nicht sein, denn sie berührt nahezu jeden Teilbereich unseres Lebens: vom Wasser zum Boden, von der Energie bis zur Mobilität, von der Ernährung bis zum Konsum, vom Wohnen bis zur Arbeit. Ich bezeichne mich selbst zwar als Nachhaltigkeitsexpertin, dennoch stößt auch mein Wissensstand regelmäßig an Grenzen – übrig bleiben dann offene Fragen. Je tiefer man in eine Materie eintaucht, umso komplexer wird sie und umso dringender benötigt man spezialisierte Expert*innen, die häufig ihr ganzes professionelles Leben einem einzigen Detail widmen. Es gibt zum Beispiel Menschen, die sich ein Leben lang mit der Frage beschäftigen, welche Inhaltsstoffe in welcher Zusammensetzung den Compound im Deckel einer Marillenmarmelade nachhaltiger machen würden.

Wissenschaft per se ist hochkomplex und auch innerhalb einer wissenschaftlichen Disziplin gibt es fast immer widersprüchliche Ansichten. Ein bekanntes Beispiel dafür ist die Frage, ob der Klimawandel von Menschen gemacht oder zumindest gefördert wird. Oder eben nicht. Hier ist die Lage relativ eindeutig: 97 Prozent der Klimaforscher*innen weltweit sind sich über die tragende Rolle des Menschen im Klimawandel einig und damit gibt es nur eine kleine

Minderheit an Forscher*innen, die nicht daran glaubt. Grundsätzlich spricht man bei einem so hohen Konsens vom „aktuellen Stand der Wissenschaft". Der aktuelle Stand der Wissenschaft basiert auf einer soliden Basis von gültigen, beweisbaren und überprüfbaren Erkenntnissen und grenzt sich damit klar von Ideologien, Meinungen und Verschwörungstheorien ab. Gedacht wäre er auch als Entscheidungsgrundlage für Politik und Gesellschaft. In der Hoffnung auf einen einheitlichen Lösungsansatz blickt man aber oft vergeblich Richtung Wissenschaft. Sich auf valide Forschungsergebnisse berufend behaupten die einen, man könne die Klimakrise durch starke CO_2-Einsparungen noch verlangsamen, während andere meinen, es sei dafür schon lange zu spät. Wieder andere behaupten, die Technik und Digitalisierung würden all unsere Probleme sowieso noch rechtzeitig lösen.

Kritisches Hinterfragen der Motivationen ist wesentlich, ganz gleich bei welcher wissenschaftlichen Studie. Nicht immer geht es rein um faktenbezogenes Wahrheitsbestreben. Es können (zusätzlich) auch persönliche, wirtschaftliche oder politische Motive eine Rolle spielen, die ein ganz bestimmtes Forschungsergebnis anstreben. Dementsprechend sollte man sich eigentlich immer fragen: Wer finanziert die Studie? Welche Konsequenzen werden dadurch ausgelöst und wer profitiert davon? Und selbst wenn über einen bestimmten Sachverhalt breiter Konsens herrscht, bleibt jegliche wissenschaftliche Erkenntnis doch nur eine Momentaufnahme des aktuell anerkannten Wissensstands. Erlangt man neue Erkenntnisse oder treten unvorhergesehene Konsequenzen oder Wechselwirkungen auf, kann sich unser Wissen innerhalb kürzester Zeit schon wieder ändern. Es ist kompliziert, aber meist lohnend, sich damit auseinanderzusetzen!

Deshalb brauchen wir Skepsis und Dissens in und außerhalb von Disziplinen. Wir müssen den geltenden Stand der Wissenschaft immer wieder kritisch hinterfragen und unseren Wissensstand vertiefen, um den Fortschritt unserer Erkenntnisse voranzutreiben. Skepsis und Dissens können aber auch zu schwerwiegenden negativen Folgen für unsere Gesellschaft führen, wenn sie beispielsweise medial unverhältnismäßig viel Öffentlichkeit erhalten. So hat man es schon oft erlebt, dass zu manchen Fragen ein eindeutiger wissenschaftlicher Konsens herrscht, in TV-Debatten jedoch die Gegner*innen dieser Position in einer überproportional hohen Gästezahl vertreten sind. Dies führt leicht zu einer mangelnden gesellschaftlichen Wahrnehmung eines seriösen wissenschaftlichen Konsenses. Und so kommt es, dass sich zwar über 97 Prozent der Wissenschaftler*innen über den menschengemachten Klimawandel einig sind, jedoch laut einer Studie der University of London in Deutschland nur 94,8 Prozent und in Österreich nur 91,8 Prozent auch daran glauben. Trotz überwältigender wissenschaftlicher Beweise hört man in Debatten immer noch die Frage, ob jemand an den Klimawandel glaube, fast so, als wäre er wie das Christkind. Wären bei einer Klimadebatte 97 Befürworter*innen und nur 3 Gegner*innen eingeladen, wäre das Bild höchstwahrscheinlich ein anderes. Die Tatsache, dass immer noch keine klaren Handlungsanweisungen aus der Wissenschaft vorliegen, sondern immer wieder alternative Lösungsvorschläge zur akuten CO_2-Senkung präsentiert werden, befeuert indes die Skepsis und Ungewissheit in der Bevölkerung immer weiter.

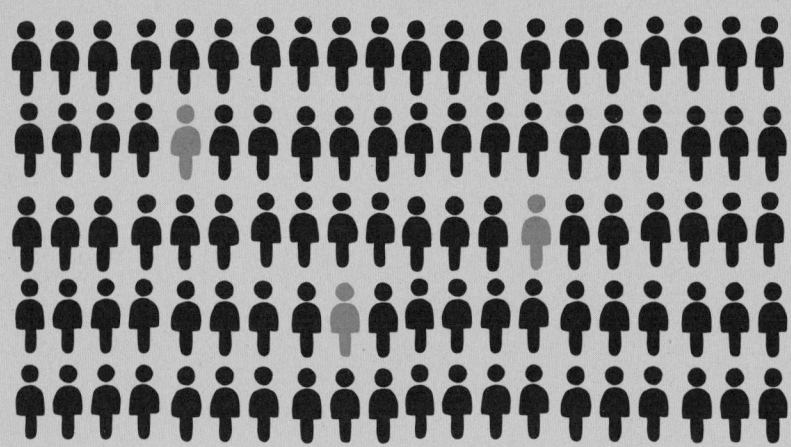

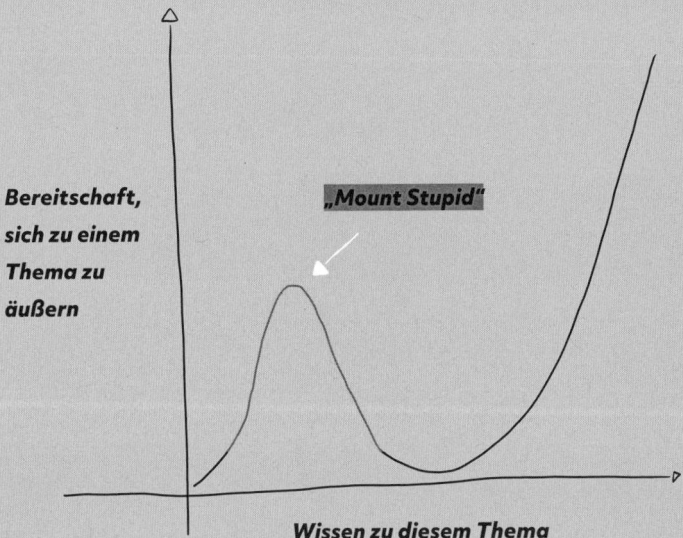

Bereitschaft, sich zu einem Thema zu äußern

„Mount Stupid"

Wissen zu diesem Thema

Und als wäre die Wissenschaft an sich nicht schon kompliziert genug, kommt besonders erschwerend noch hinzu, dass das Maß an fundiertem Wissen und die Überzeugtheit von der eigenen Meinung zu einem Thema häufig in einem asymmetrischen Verhältnis zueinander stehen: Je weniger Menschen über ein komplexes Thema wissen, umso mehr neigen sie in der Regel dazu, ihre Kenntnisse und Kompetenzen in diesem Bereich stark zu überschätzen. Dieser Zusammenhang wurde in der Psychologie als „Dunning-Kruger-Effekt" bekannt sowie im Internet als „Mount Stupid". Leute, die sich – bildlich gesprochen – hinsichtlich ihres Wissens zu einem Thema auf der Spitze des Mount Stupid befinden, haben vielleicht einen Artikel dazu gelesen oder gar nur eine reißerische Headline im Internet überflogen. Bevor sie sich mit der Komplexität des Gegenstandes auch nur ansatzweise beschäftigt haben, rechnen sie sich bereits klare Kompetenzen darüber zu und äußern diese infolgedessen nicht selten laut und selbstbewusst. Jene, die die sich tiefergehend mit der Sache auseinandersetzen und dementsprechend die ihr zugrunde liegende Komplexität erkennen, beschäftigen sich oft jahrelang mit dem Thema, bevor sie sich dazu äußern, und dies geschieht auch dann nur selten mit der Überzeugung und Lautstärke der Unbedarften auf dem Mount Stupid. Es mag zwar paradox klingen, aber in der Wissenschaft kann man sich am allermeisten auf jene Menschen verlassen, die sich nichts mit hundertprozentiger Sicherheit zu behaupten trauen, da seriöse Antworten stets komplex und von vielen Faktoren abhängig sind. Skeptisch sollte man somit gegenüber all jenen sein, die zu laut und selbstbewusst von der *einen* Wahrheit erzählen. Ich selbst habe bei der Entscheidung, ob ich kompetent genug bin, ein Buch zum Thema Nachhaltigkeit zu schreiben, sehr lange gezögert, da ich mir der Grenzen meines Wissens heute bewusster bin denn je.

Der Mount Stupid ist besonders problematisch, wenn man bedenkt, dass sich seit Jahren leider immer mehr „alternative Fakten" unter valide erarbeitete Erkenntnisse mischen. Dabei meine ich nicht nur mutwillige Fehlinformationen und haarsträubende Verschwörungstheorien. Oftmals entstehen diese alternativen Fakten auch durch zu stark vereinfachte wissenschaftliche Artikel in Zeitungen oder Headlines. Leider fällt es mir immer wieder bei Beiträgen über Nachhaltigkeit auf, dass manche Tipps und Hinweise weniger auf wissenschaftlichen Fakten als vielmehr auf einem gut gemeinten, aber falschen Bauchgefühl oder fatalem Halbwissen beruhen. Auch derartige alternative Fakten werden oftmals gerne lauthals vom Gipfel des Mount Stupid in die Welt hinausgeschrien.

Wenn ich all das zusammendenke, kann ich es niemandem verübeln, dass Versprechen wie „natürliche Inhaltsstoffe" oder „eco-friendly" als Vereinfachung dieser Komplexität beim Einkauf überaus verführerisch und verheißungsvoll daherkommen. Unzählige Menschen aus nahezu allen Disziplinen beschäftigen sich seit Jahrzehnten aus den unterschiedlichsten Perspektiven mit Nachhaltigkeit, und obwohl viele ihr ganzes professionelles und manche sogar privates Leben der Nachhaltigkeit widmen, kann niemand alle Produkte, Dienstleistungen und nachhaltigen Versprechen bis ins letzte Detail überprüfen. Nachhaltigkeit ist aber nicht die einzige Herausforderung, die es derzeit zu lösen gilt.

3. Kapazitäten: Haben wir keine anderen Probleme?

Doch, haben wir. Die Klimakrise ist bei weitem nicht unser einziges Problem, das Aufmerksamkeit und Hingabe verlangt. So gibt es viele Krisen, deren Auswirkungen für die Zukunft wir nicht erst verstehen lernen müssen, sondern auch solche, die wir sofort sehen oder spüren können. Seit Jahren begleitet uns die sogenannte Flüchtlingskrise. Die Corona-Pandemie und die daraus entstandene Wirtschaftskrise mit Massenarbeitslosigkeit. Die Digitalisierung ist in vollem Gang und wir haben Angst davor, unsere Arbeitsplätze an Maschinen und Technologien zu verlieren. Es gibt die Pflegekrise für unsere immer älter werdende Bevölkerung und die Bildungskrise für unsere Jungen. Das Essen wird zu wenig, das Wasser geht uns aus. Wir sind umgeben von Rassismus, Homophobie, Sexismus, Faschismus und Antisemitismus. Es gibt moderne Sklaverei und Menschenhandel. Es gibt immer noch Menschen auf dieser Welt, die verhungern oder an Krankheiten sterben, für die es schon längst eine Heilung gäbe. Für diese massiven Probleme braucht es Menschen, die ihr Leben in den Dienst der Lösung und der Verbesserungen stellen. Genau wie beim Thema Nachhaltigkeit ist jede dieser Krisen für sich ein eigenes Universum an Komplexität und Wissen, dessen Teilbereiche man ebenso ein Leben lang erforschen und vielfach wohl dennoch nicht restlos erfassen kann. Ich bin zutiefst dankbar, dass es Menschen gibt, die sich den anderen großen Herausforderungen und Krisen unserer Zeit annehmen, um sie zu verstehen und dazu beizutragen, sie zu meistern.

Neben den großen gesamtgesellschaftlichen Krisen gibt es natürlich noch unzählige persönliche Krisen, die das Individuum im Einzelnen treffen: Krankheiten, Armut, Arbeitslosigkeit, Trennungen oder das Aufwachsen in prekären Lebensumständen. Manche sind alleinerziehend, andere pflegen Familienangehörige, nicht wenige machen beides. Nachhaltigkeit erscheint manchen zweifellos als Luxusproblem, wenn akute Lebenskrisen bereits mehr Kapazitäten einnehmen, als man eigentlich zur Verfügung hat. So stelle ich vollkommen wertfrei und offen die Frage: Kann Nachhaltigkeit für eine alleinerziehende Mutter ohne Arbeit den gleichen Stellenwert haben wie für eine finanziell abgesicherte Nachhaltigkeitsstudentin?

Einige wenige Nachhaltigkeitsthemen wie Plastik und Palmöl haben es in die Köpfe der Allgemeinheit geschafft. Um zu erkennen, dass es sich dabei aber nur um die Spitze des Eisberges handelt, bräuchte es nicht nur die Bereitschaft, mehr darüber wissen zu wollen, sondern vor allem die dafür notwendigen Kapazitäten. Meiner Meinung nach kann man nicht erwarten, dass sich Menschen in besonders herausfordernden Lebensumständen, eingebettet in eine Vielzahl an Krisen, auch noch alle mit der notwendigen Ausführlichkeit mit der Klimakrise beschäftigen – ein Thema, das so komplex ist wie kaum ein anderes. Ich finde es sehr wichtig anzuerkennen, dass nicht jede*r die gleichen Möglichkeiten und Voraussetzungen für Nachhaltigkeit hat. Barrieren wie Wissen, Können, asymmetrische Informationsverteilung und Kapazitäten spielen hier eine tragende Rolle. Manche haben ganz verständlicherweise weder die Zeit noch die Ressourcen, um sich ausreichend mit diesem Problem zu beschäftigen, weil bereits genug andere Probleme ihre gesamten Kräfte beanspruchen.

Wusstest du, dass ... Menschen, die von Armut betroffen sind, die effektivsten Klimaschützer*innen sind?

Überspitzt formuliert könnte man sagen: Armut ist der beste Garant für ein nachhaltiges Leben – zumindest aus einer rein ökologischen Perspektive. Ist Konsum auf das absolute Minimum und Notwendigste reduziert, gibt es keine Langstreckenflüge auf die Malediven und alles wird so oft wie möglich repariert oder weitergegeben. So kann es leicht sein, dass manch gut situierter Mensch, der seinen bewusst gestalteten Lebensstil für besonders nachhaltig hält, weitaus weniger nachhaltig lebt als ein von Armut betroffener Klimawandelleugner. Die Bekämpfung von Armut ist eines der wichtigsten Ziele der sozialen Nachhaltigkeit. Dass dies aber vor allem auf Kosten der ökologischen Nachhaltigkeit geht, zeigte sich in China. Galten 1990 noch mehr als zwei Drittel der Bevölkerung als arm, sind es mittlerweile nur noch 4 Prozent. Das enorme Wohlstands- und Wirtschaftswachstum führte aber auch dazu, dass China zum größten CO_2-Emittenten der Welt aufstieg. Armutsbekämpfung versus Klimawandel. Ein weiterer schier unüberwindbarer Zielkonflikt.

4. Prioritäten: Warum passiert mir das trotzdem?

Ich denke, ich habe die ersten Hürden auf dem Weg zur Nachhaltigkeit ganz passabel gemeistert: Ich habe verstanden, was nachhaltig bedeutet, mich eingehend mit der Komplexität von Nachhaltigkeit und den zugrunde liegenden Wissenschaften auseinandergesetzt und habe das große Glück, auch noch die Kapazitäten zu haben, mein Leben dieser Thematik zu widmen. Nachhaltigkeit ist mein Herzensanliegen und Lebensmittelabfall mein Spezialgebiet. Trotzdem passiert es auch mir immer wieder, dass ich Lebensmittel wegwerfe. Wie kann das sein?

Der Aufbau meines Unternehmens nimmt einen Großteil meiner Zeit ein und sosehr ich meine Arbeit liebe, so plagt mich doch auch immer wieder ein wenig das schlechte Gewissen und vor allem die Sehnsucht, wieder mehr Zeit mit Familie und Freund*innen zu verbringen. Wenn sich dann an einem Abend spontan eine Gelegenheit für ein gemeinsames Abendessen mit geliebten Menschen ergibt, müssen die sorgsam verpackten Essensreste vom Vorabend im Kühlschrank leider dran glauben. In Momenten wie diesen ist mir die Pflege meiner zwischenmenschlichen Beziehungen und die Erfüllung meiner persönlichen Bedürfnisse wichtiger, als den Nudelsalat vom Vorabend nicht wegwerfen zu müssen. Das bedeutet aber im Umkehrschluss nicht, dass mir der Nudelsalat in dem Moment egal ist. Im Kampf Beziehungspflege versus Pflichterfüllung zieht auch bei mir die Nachhaltigkeit oft den Kürzeren. Zwischenmenschliche Beziehungen sind eine nachvollziehbare Priorität, doch sie sind bei weitem nicht die einzige, die sich vor dem Wunsch nach mehr Nachhaltigkeit einreiht. Denn auch das neue Handy und das hübsche Kleid haben oftmals weit über den Hedonismus von Konsum hinaus tiefgreifende psychologische Hintergründe von Zugehörigkeit und Ansehen. Oder einfacher gesagt: Wir können unmöglich auf alles verzichten, was uns wichtig ist.

Ein besonders nachvollziehbares Beispiel für Priorisierung ist der weitgehend etablierte Imperativ, die Familie oder sich selbst vor Krankheiten durch möglicherweise mangelhafte Nahrung zu schützen. Vor allem in Haushalten mit Kindern ist der Wunsch, frisches und schmackhaftes Essen auf den Tisch zu bringen, oftmals wichtiger als die Absicht, Lebensmittelabfälle zu reduzieren. Studien der Umweltpsychologie haben gezeigt, dass bei Müttern häufig Lebensmittelabfälle entstehen, wenn das Thema Mindesthaltbarkeitsdatum auf das Bedürfnis trifft, eine gute Mutter sein zu wollen. Das Mindesthaltbarkeitsdatum von Produkten wird leider von vielen noch mit „tödlich ab" und sofortiger Ungenießbarkeit gleichgesetzt.

Wusstest du, dass ... Produkte wie Käse, Butter und Eier bis zu 21 Tage nach Ablauf des Mindesthaltbarkeitsdatums noch einwandfrei genießbar sind?

Produkte wie Mehl, Reis und Gewürze sogar bis zu einem Jahr? Das Projekt „Ist das noch gut?" begann 2015 damit, in Österreich Bewusstsein dafür zu schaffen, dass das Mindesthaltbarkeitsdatum nicht mit der sofortigen Ungenießbarkeit des Lebensmittels einhergeht. Dafür testeten Expert*innen der Lebensmitteluntersuchung Wien bestimmte Produktgruppen. Sie ließen Lebensmittel unter kontrollierten Bedingungen und entsprechender Lagerung „altern", um ihre Qualität und Genusstauglichkeit zu überprüfen. Durch diesen Versuch wurde gezeigt, wie lange bestimmte Nahrungsmittel üblicherweise über das Mindesthaltbarkeitsdatum hinaus genießbar sind.

Das Mindesthaltbarkeitsdatum legen Produzent*innen wie ich selbst fest. Es kennzeichnet jenen Zeitraum, in dem ich garantieren kann, dass das Produkt genau so ist, wie es sein soll. Der Senf, den wir produzieren, wird nach Ablauf des Mindesthaltbarkeitsdatums natürlich nicht schlecht, aber er verliert stark an Schärfe. Kund*innen, die meinen Senf aufgrund seines bestimmten Geschmacks und seiner Schärfe kaufen, wären vom Produkt enttäuscht, wenn dieses plötzlich nicht mehr so schmeckt, wie sie es sich erwartet haben. Um garantieren zu können, dass der Senf bei jedem Kauf den gleichen Geschmack und die gleiche Schärfe hat, muss ich ihm ein relativ kurzes Mindesthaltbarkeitsdatum geben. Leider führt das auch dazu, dass ihn manche nach Ablauf des angegebenen Haltbarkeitszeitraums wegwerfen werden, weil sie denken, er sei nun ungenießbar.

Möchte eine Mutter ihrem Kind einen Babybrei geben, der bereits wenige Tage über dem Mindesthaltbarkeitsdatum liegt, ist ein bestimmtes Mindestmaß an Wissen notwendig, um einzuschätzen, ob er für ein Kleinkind ohne gesundheitliche Bedenken noch einwandfrei genießbar ist. Ist dieses Wissen nicht ausreichend vorhanden, ist das Bedürfnis, eine gute Mutter zu sein und eine mögliche Gesundheitsgefährdung des Kindes zu vermeiden, ein viel stärkeres Bedürfnis als der nachhaltige Aspekt, einen abgelaufenen Babybrei nicht zu entsorgen. Auch hier bedeutet das nicht, dass die Mutter deswegen kein schlechtes Gewissen hat. Viele Studien belegen, dass Schuldgefühle der wichtigste Motivator für eine Reduktion von Lebensmittelabfall sind – keine Seltenheit in der Nachhaltigkeit.

5. Schuld: Willst du, dass wegen dir der Eisbär stirbt?

Vor allem in den dunklen und kalten Wintermonaten träumen viele Leute von Sonne und tropischen Inseln. Erholung vom stressigen Job. Endlich wieder Sonne tanken. Zeit für schöne Erlebnisse mit geliebten Menschen. Dem tristen Alltag entrinnen und abenteuerlich die Welt entdecken. Jedes dieser Bedürfnisse für sich ist absolut nachvollziehbar. Wer wünscht sich das nicht? Doch dann sieht man Bilder von abgemagerten Eisbären, die auf immer kleiner werdenden Eisschollen durch das Meer treiben. Sie suggerieren die Frage:

Bin ich dir egal? Ich denke, die wenigsten wollen, dass der arme Eisbär sterben muss. Wenn wir aber unseren nächsten Urlaub buchen, steht das Schicksal des Eisbären bei der Auswahl unserer Urlaubsdestination in der Prioritätenliste vieler nicht an oberster Stelle. Und so verzichten nur die wenigsten auf eine traumhafte Fernreise, um den Eisbären zu retten.

Der direkte Zusammenhang von Urlauben in fernen Destinationen und dem Schicksal des Eisbären hat sich aber in unserer Gesellschaft mittlerweile etabliert. Es hat sich herumgesprochen, dass kaum eine Handlung so katastrophal für die Umwelt ist wie die Nutzung eines Flugzeuges, ganz besonders im Rahmen eines Langstreckenflugs. Das maximale und gerecht aufgeteilte CO_2-Jahresbudget eines Menschen liegt in etwa bei 2.300 Kilogramm CO_2-Emissionen. Eine Rundreise von Wien nach Bali entspricht 7.020 Kilogramm CO_2-Emissionen, eine Reise von München nach New York etwa 3.800 Kilogramm. Obwohl der Flugverkehr nur für etwa 4,9 Prozent unserer gesamten CO_2-Emissionen verantwortlich ist, gibt es derzeit im öffentlichen Bewusstsein kaum eine größere Klimasünde, als mit dem Flugzeug zu fliegen. Dies führte sogar schon so weit, dass sich für das Moralisieren und Tadeln von Menschen und ihren Flugreisen ein eigener Begriff entwickelt hat.

CO₂ Emmissionen Flugzeuge

95,1 %   4,9 %

Beim sogenannten *flight-shaming* werden Menschen für ihr umweltschädliches Verhalten öffentlich an den Pranger gestellt. Die Idee hinter der Flugscham: Menschen sollten sich für jede Flugreise schämen. Ziel ist es, sich irgendwann so sehr für sein klimaschädliches Verhalten zu schämen, dass dies zu einer Verhaltensänderung führt.

Ein ähnliches Schicksal erleben seit einigen Jahren auch die Besitzer*innen von SUVs: Sport Utility Vehicles, sprich (übergroßen) Geländewägen. Diese waren eigentlich für Menschen gedacht, die am Land ein funktionales Arbeitsauto brauchen, das den Fähigkeiten eines kleinen Traktors nahe kommt: geländegängig, geeignet für den einfachen Transport vieler Sachen und versehen mit einer Anhängervorrichtung, die hohe Belastung erlaubt und es ermöglicht, viel Gewicht zu ziehen. Zugleich sollten diese Autos trotzdem kompakt und schnell genug sein, um damit auch in die Stadt fahren zu können. SUVs wurden mittlerweile zu Lifestyle-Autos, die jeglichen Komfort bieten. Groß, stylisch und leistungsstark. Nur die wenigsten sind noch funktional für einen Arbeitseinsatz am Land geeignet. So gibt es nun seit vielen Jahren auch unzählige SUVs in der Stadt. 2006 waren etwa 10 Prozent aller zugelassenen Neuwägen in Österreich und Deutschland SUVs. 2020 sind es bereits 30 Prozent. Das Problem dahinter: Der Treibstoffverbrauch von SUVs ist im Vergleich zu kleinen Autos, die eigentlich eher für die Stadt geeignet sind, extrem hoch. Testungen des Umweltbundesamtes zeigen, dass SUVs im Vergleich zu durchschnittlichen Autos einen Treibstoffmehrverbrauch von bis zu 75 Prozent haben. Bei höheren Geschwindigkeiten oder Lasten steigen zudem auch noch die NO_x-Emissionen im Vergleich um bis zu 100 Prozent. Die Wahrheit ist, dass (fast) niemand in der Stadt einen SUV *braucht*. Der absurde Höhepunkt des SUV-Trends ist allerdings der Verkauf von „Drecksprays" im Fachhandel, mit denen man seinen SUV ansprühen kann, damit es auch in der Stadt aussieht, als wäre man gerade von einer wilden Tour durch die Natur zurückgekommen. All das führte zur Verachtung von SUV-Besitzer*innen. Eine Klimasünde, die so groß und laut ist, dass man sie auch einfach nicht übersehen kann. Dieses Schicksal ereilte auch einen guten Freund. Tom ist einer der wenigen Menschen, der tatsächlich ein Haus am Land hat, das nur über einen Forstweg erreichbar ist. Es gibt bei seinem kleinen Waldgrundstück genug Arbeiten, für die man einen SUV tatsächlich braucht. Doch wehe, wenn er damit in die Stadt fuhr. Sein nachhaltig orientierter Freundeskreis hatte mit ihm und seinem SUV keine Gnade und so musste er sich jedes Mal aufs Neue dafür rechtfertigen und belächeln lassen. Selbst wildfremde Menschen auf der Straße riefen ihm nach, er sei ein Klimasünder. Menschen wie er seien dafür verantwortlich, dass die armen Eisbären sterben werden! Tom nahm sich all das zu Herzen und kaufte sich vor einem Jahr ein kleines Elektroauto. Voll Freude fuhr er damit nach Wien und präsentierte es seinem kritischen Freundeskreis. Doch was er dann zu hören bekam, übertraf die Wucht der bisherigen Vorwürfe nochmals bei weitem: *„Du weißt aber schon, dass es für die Batterien von Elektroautos noch immer keine Entsorgungslösung gibt? Voll viele Menschen sterben bei der Gewinnung von Lithium für die Akkus! Diese japanischen Autos werden vor allem mit Atomstrom gebaut. Ist dir Fukushima tatsächlich egal? Und wie kannst du gewährleisten, dass du immer nur Ökostrom ‚tankst'?"* Die Kritik und Verachtung, die er für seinen SUV erntete, war nichts im Vergleich zu den anklagenden Fragen und Vorwürfen, die er nun für sein Elektroauto einstecken muss. Wer soll sich da noch auskennen?

In Momenten wie diesen greifen alle bisher besprochenen Hemmnisse der Nachhaltigkeit ineinander: Sich ein Elektroauto zu kaufen wird allgemein als nachhaltig wahrgenommen (**Begriff**). Das Thema ist aber auch hier wesentlich komplexer (**Wissen**), als man zuerst erahnen könnte, und die Wissenschaft forscht weiter. Das Elektroauto ist ebenso ein Eisberg: Es gibt bis heute in vielen Teilbereichen der Elektromobilität noch keine befriedigende nachhaltige Lösung. Manche können oder wollen sich nicht in diesem Detailgrad mit der Sache auseinandersetzen (**Kapazitäten** und **Prioritäten**) und entscheiden sich rein aufgrund des vorherrschenden positiven Images für den Kauf eines Elektroautos. Mitgekauft wird dann das Versprechen, dass man mit seinem Konsum etwas Gutes zum Umweltschutz beitrage, wo immer die Gefahr von (ungewolltem) Greenwashing lauert. Doch auch wenn man sich ewig mit dem Für und Wider eines Elektroautos auseinandergesetzt hat, kann man sich darauf einstellen, dass fast jede*r, die/der auch nur einen Artikel zur Entsorgungsproblematik der Batterien von Elektroautos gelesen hat, diese Kritik bei einem Aufeinandertreffen kundtun wird. Viele halten Nachhaltigkeit mittlerweile sowieso nur noch für eine schlechte PR-Kampagne und diese negative Dynamik wird von alternativen Fakten und gefährlichem Halbwissen befeuert, das besonders laut vom Gipfel des Mount Stupid hallt (**Schuld**).

Doch *flight-shaming* oder die Reaktionen von Toms Freundeskreis auf sein Elektroauto sind leider bezeichnend für die aktuelle Misere, der die Nachhaltigkeit ausgesetzt ist. Du darfst nicht! Du musst! Du sollst! Du kannst nicht! Tu dies. Lass das. Mehr von dem. Weniger davon. Der moralische Zeigefinger und der Befehlston der Nachhaltigkeit haben ein noch nie dagewesenes Ausmaß erreicht. Je mehr man sich um Nachhaltigkeit bemüht, umso schlimmer wird es dann auch. Vermeintlich nachhaltig lebende Menschen machen sich gegenseitig das Leben zur Hölle. Keine Flugreise, kein SUV und keine Plastikflasche bleiben heutzutage unbestraft. Dann fasst man sich ein Herz für die Umwelt, entscheidet sich für eine gutgemeinte Handlung und anstatt dafür von anderen anerkannt zu werden, hagelt es noch mehr Kritik und Anfeindungen. Da wünscht man sich vielleicht sofort, man hätte am besten gleich gar nichts getan. Menschen, die Nachhaltigkeit derzeit noch aus der Ferne betrachten, werden sich bei solchen Dynamiken hüten, auch nur einen Schritt näher zu kommen.

Mehr oder weniger gut informiert, bilden wir in dieser unübersichtlichen Situation von Ungewissheit, Komplexität, alternativen Fakten unsere (Moral-)Vorstellungen von richtig und falsch. Diese entwickeln sich dann allerdings schneller, als man merkt, zu einem allgemeinen Anspruch – ganz egal, ob sie stimmen oder nicht – und man wünscht sich, dass möglichst viele die eigenen Vorstellungen teilen sollen. Menschen, die dem nicht entsprechen, gelten folglich als unmoralisch und müssen bekehrt werden. Dazu ist dann auch jedes Mittel recht. Durch *flight-shaming* wird in Menschen ein belastendes Schuldgefühl aufgebaut: Wenn du dein Verhalten nicht änderst, bist du schuld, dass dieser Eisbär stirbt! Dabei wird außer Acht gelassen, dass dieser Person der Eisbär von Herzen leidtun kann. Es kann sein, dass diese Person die Tragweite der Klimakrise einfach noch nicht in vollem Ausmaß erkannt hat, weil sie nicht die Zeit oder die Kapazitäten dafür hatte oder weil andere Bedürfnisse in diesem Moment einfach wichtiger waren. Wie wir vom Fleisch-Paradox bereits wissen, entwickeln Menschen ohnedies sehr schnell Tricks, um negative Gefühle rasch wieder loszuwerden, und damit leider das Bedürfnis nach notwendigen Verhaltensänderungen.

Selbst in Büchern zum Thema Nachhaltigkeit werden Menschen, die den Klimawandel leugnen, mittlerweile ganz offen als Idioten beschimpft und vermeintlich nachhaltige Vorstadtmütter, die ihre Kinder im SUV in den Montessori-Kindergarten bringen, verspottet. Doch was sollen all diese Anfeindungen bringen? Fühlen sich Menschen, die denken, ihr Lebensstil sei nachhaltig, weil sie an den Klimawandel glauben und keinen SUV besitzen, deshalb besser? Erhaben über all diese Idioten? Und die Idioten selbst? Sollen die sich angesprochen fühlen und sich durch Beleidigungen und Scham zu besseren Menschen bekehren lassen? Wann in der Geschichte der Menschheit und vor allem in Zeiten des Internets haben Beschimpfungen, Beleidigungen und *shaming* jemals zu tiefgreifenden positiven Veränderungen in der als Idioten angesprochenen Gruppe geführt? Letztlich trägt diese Haltung nur dazu bei, die Kluft zwischen den Nachhaltigen und den vermeintlichen Idioten immer größer werden zu lassen und damit die Widerstände gegen Veränderungen zu verstärken – denn niemand lässt sich gern beschimpfen.

Klimaaktivist*innen und Klimawandelleugner*innen schreien in der aktuellen Debatte am allerlautesten, dabei befinden sich die meisten Menschen irgendwo dazwischen. Die sind mittlerweile verunsichert, wem oder was sie überhaupt noch glauben sollen. Viele sind sehr wahrscheinlich nur noch genervt von den Anschuldigungen, der Angstmache und den unzähligen Vorwürfen. Die aktuellen Entwicklungen werden viele Menschen davor abschrecken, sich dem Thema freudig und optimistisch anzunähern. Was ist hier also der Plan? So lange weiter schreien, bis man endgültig alle vergrault hat und wirklich keiner mehr den Begriff nachhaltig hören will? Die eigentliche Frage muss lauten: Wie kann ich in all dieser Komplexität und Ungewissheit meine persönliche Nachhaltigkeit finden?

SCHON BEI DER GEBURT ZUM SCHEITERN VERURTEILT

25 Jahre sind nun vergangen, seitdem Schweinchen Babe in mir den unbändigen Wunsch hervorgebracht hat, wirklich nachhaltig werden zu wollen. Um meinem Bestreben gerecht zu werden, verzichte ist seit über dreizehn Jahren auf Fernreisen mit dem Flugzeug. Ich fahre auch keinen SUV. Ich ernähre mich seit über achtzehn Jahren vegetarisch. Ich trage keine Wolle, Leder, Pelz oder Daunen. Ich gehe in keinen Zirkus, Zoo oder zu anderen Veranstaltungen, bei denen die Möglichkeit besteht, dass Tiere und Menschen zur Unterhaltung ausgenutzt werden könnten. Ich kaufe einen Großteil meiner Lebensmittel nur biologisch und/oder fair gehandelt und verzichte auf viele Produkte, falls sie so nicht erhältlich sind. Ich kaufe im Januar keine Erdbeeren und zu Silvester keine Raketen. Ich bringe meine eigenen Tragtaschen mit zum Einkaufen und lasse mir im Restaurant Essensreste einpacken. In meiner Küche stehen fünf große Boxen zum Recyceln. Ich kaufe österreichische Hafer- und Dinkeldrinks statt importierter Soja- oder Mandelmilch. Ich verwende ausschließlich vegane zertifizierte Naturkosmetik, die nicht an Tieren getestet wurde, und seit Jahren eine Menstruationskappe statt Einwegprodukten. Ich boykottiere seit über zehn Jahren Betriebe wie McDonald's und Nestlé. Ich kaufe keine unnötigen elektrischen Geräte und verwende meine Handys mindestens vier Jahre lang. Danach werden sie gespendet. Ich kaufe pro Jahr maximal zehn neue Kleidungsstücke und verschenke alte Stücke an Bekannte. Auf meinem Balkon wachsen und blühen Pflanzen, die für Wildbienen und Schmetterlinge förderlich sind. Ich fahre nachts auf den Landstraßen nie schneller als 70 km/h, um die Gefahr von Wildunfällen zu verhindern, und trage Kröten von der Straße. Ich könnte diese Liste sicher noch sehr lange fortführen, doch die Auflistung meiner Verfehlungen wäre um ein Vielfaches länger.

Es gib Menschen, die noch viel weiter gehen als ich. Der Umwelt-aktivist Rob Greenfield hat es durch medienwirksame Aktionen wie kaum ein anderer geschafft, sich in der Nachhaltigkeitsszene einen Namen zu machen. Bei seiner Aktion „Ein Jahr ohne Dusche" hat Rob sich der Herausforderung gestellt, ein Jahr lang nur in natür-lichen Gewässern wie Seen oder Flüssen zu baden. Er wollte da-durch bei den Menschen Bewusstsein dafür schaffen, dass sie pro Tag rund 380 Liter Wasser verbrauchen. Wirklich berühmt wurde er, als er in New York ein Monat lang als „Trash Man" herumlief. Er trug über diesen Zeitraum hinweg einen Anzug aus Plastik, in dem er den gesamten Müll mit sich trug, den er verursachte. Der An-blick des wandelnden Müllhaufens, der er am Ende des Monats ge-worden war, war absolut schockierend. Das Pendant hierzu sind ein paar Bloggerinnen, die beweisen konnten, dass es möglich ist, ein Jahr lang nur so viel nicht recycelbaren Restmüll zu erzeugen, dass er in ein einziges Marmeladenglas passt. Manche Anhänger*innen der Deep-Ecology-Bewegung gehen sogar so weit, die Menschheit als größte Bedrohung der Erde zu bezeichnen, und verzichten des-halb auch darauf, Kinder zu bekommen. So inspirierend manche dieser Menschen und Handlungen auch sind, massentauglich sind sie nicht. Nichtsdestoweniger sind die Beweggründe und Anliegen dieser Menschen keinesfalls übertrieben – wenngleich sie uns vor eine geradezu unerfüllbare Aufgabe stellen.

Wir alle, die wir in Industrieländern geboren sind, haben in unse-ren Bemühungen um eine nachhaltige Existenz eines gemeinsam: Wir waren bereits durch unsere Geburt in der westlichen Welt dazu verurteilt, an Nachhaltigkeit zu scheitern. Diese dramatische Tat-sache lässt sich mittlerweile wissenschaftlich fundiert berechnen: Die Fähigkeit unserer Erde, biologische Masse zu produzieren und vom Menschen erzeugte Abfälle aufzunehmen, ist limitiert. Dies bezeichnet man als Biokapazität. Gemäß diesem Konzept ist ökolo-gische Nachhaltigkeit – sprich, nur eine der drei Säulen – dann gege-ben, wenn der Verbrauch von uns Menschen unter der maximalen Biokapazität der Erde bleibt. So könnte die Erde genau die Menge an natürlichen Ressourcen nachproduzieren, die wir verbrauchen, und den von uns erzeugten Abfall aufnehmen und verwerten. Alles, was wir darüber hinaus an natürlichen Ressourcen verbrauchen, borgen wir uns ungefragt von zukünftigen Generationen aus, deren verfügbare Biokapazität wir dadurch immer mehr schmälern.

Berechnet wird die Biokapazität der Erde durch die Maßeinheit „globaler Hektar". Dieser entspricht einem Hektar mit durchschnittlicher biologischer Produktivität. Um diese zu ermitteln, werden die unterschiedliche Fruchtbarkeit und Ertragsfähigkeit von Böden berücksichtigt. So ist ein Hektar im Gebirge oder in der Wüste für uns Menschen weit weniger ertragreich als ein Hektar fruchtbares Feld in Österreich. Die Messung des ökologischen Fußabdrucks nutzt die wissenschaftliche Quantifizierung der verfügbaren Biokapazität und ermöglicht es, den Ressourcenbedarf von Einzelpersonen, Unternehmen und ganzen Ländern zu berechnen und zu vergleichen. Der persönliche ökologische Fußabdruck ist jene Fläche, die notwendig ist, um die Ressourcen herzustellen, die ich durch meinen Lebensstil für mich in Anspruch nehme. Dazu zählen vor allem die Bereiche Wohnen, Mobilität, Ernährung und Konsum. Würden die Ressourcen der Erde gerecht auf alle Menschen verteilt, so hätte jede*r maximal 1,8 globale Hektar zur Deckung der eigenen Bedürfnisse zur Verfügung. Würde man der Natur auch noch unbewirtschaftete Wildnis überlassen wollen, wären es eigentlich nur 1,4 globale Hektar. Laut dem Global Foodprint Network liegt der ökologische Fußabdruck von Menschen aus Österreich, Deutschland und der Schweiz derzeit im Durchschnitt bei 4,5 bis 5 globalen Hektar. In den USA liegt der Durchschnitt sogar bei 8,1 globalen Hektar.

Auf der Webseite des Global Foodprint Network kann man seinen eigenen ökologischen Fußabdruck dem individuellen Lebensstil entsprechend berechnen.

www.footprintnetwork.org

Im Jahr 2020 haben wir bereits am 22. August den Earth Overshoot Day erreicht. Dies ist jener Tag im Jahr, an dem die jährliche Nachfrage der Menschheit nach ökologischen Ressourcen und Dienstleistungen die Biokapazität der Erde überschreitet. Derzeit verbrauchen wir Menschen die ökologischen Ressourcen von 1,6 Erden. Würden alle Menschen dieser Welt einen westeuropäischen Lebensstandard haben, würden wir zusätzliche zwei Planeten Erde benötigen, um unseren Ressourcenverbrauch sicherzustellen. Der einzige Grund, warum der Earth Overshoot Day nicht schon viel früher eintritt, ist derzeit hauptsächlich noch: Armut. So liegt der Durchschnittsverbrauch von Menschen in der Republik Kongo bei 0,7 globalen Hektar und in Eritrea sogar nur bei 0,5. Im Sinne der sozialen Nachhaltigkeit muss der Lebensstandard in diesen Ländern jedoch dringend verbessert werden und so wird auch dort der Verbrauch steigen. Unsere Möglichkeit, überhaupt mehr Kapazitäten als die eines Planeten Erde konsumieren zu können, liegt darin begründet, dass wir bereits die Ressourcen zukünftiger Generationen verbrauchen. Laut den Berechnungen vorhandener natürlicher Ressourcen durch den Club of Rome wird damit aber in etwa fünfzig Jahren endgültig Schluss sein. So gehen in nicht allzu ferner Zukunft ebenfalls die Ressourcen zur Neige, die wir derzeit auf Kosten zukünftiger Generationen konsumieren. Spätestens dann werden wir schlagartig mit der tatsächlichen Regenerationsfähigkeit der Erde konfrontiert sein.

Würde ich nun in Österreich unter größtmöglichem Verzicht versuchen, meinen ökologischen Fußabdruck zu verkleinern, wäre es mir trotzdem unmöglich, weniger als die mir zur Verfügung stehenden 1,8 globalen Hektar zu erreichen, denn ich wurde bereits mit einem zu großen ökologischen Fußabdruck geboren. Dieser sogenannte „graue Fußabdruck" (1,5 gha) steht für all die notwendigen Ressourcen, die für die Gesellschaft als Allgemeinheit erbracht werden (müssen). Dazu zählen unter anderem die Energieaufwendungen und notwendigen Ressourcen für das Krankenhaus, in dem ich geboren wurde, für die Schulen und Universitäten, die ich besucht habe, die Straßen, auf denen ich fahre, sowie jene für Versicherungen, Banken und Regierungen. Wir kommen also bereits mit Nachhaltigkeitsschulden auf die Welt – ohne Aussicht darauf, das eigene Konto, selbst unter größter Anstrengung, je auszugleichen zu können.

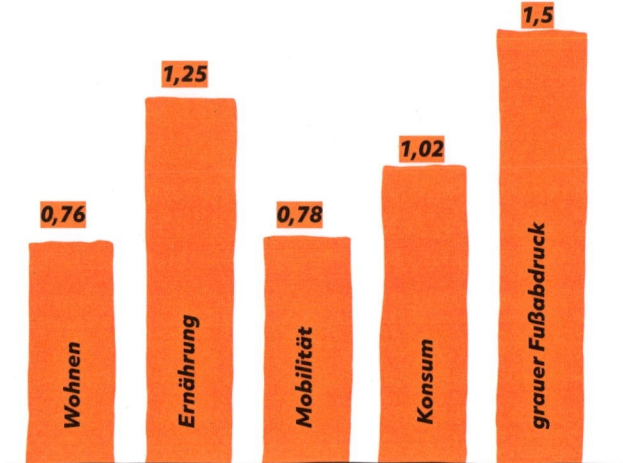

Ökologischer Fußabdruck pro
Kategorie in globalen Hektaren

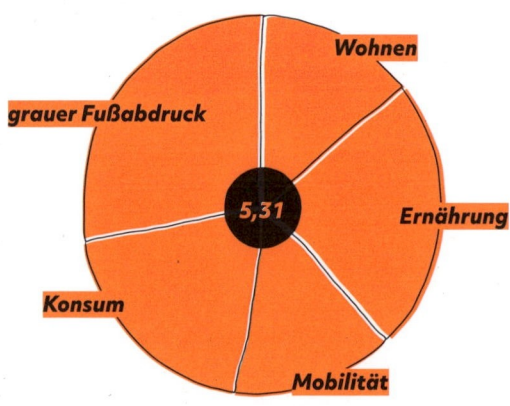

Gemäß der wissenschaftlichen Definition des ökologischen Fußabdrucks bin ich in meinem Bestreben, wirklich nachhaltig zu leben, bereits bei meiner Geburt gescheitert. Gedanken wie dieser haben mich zuerst erdrückt und belastet. Dazu kamen mein ständiges Hadern und schlechtes Gewissen über die eigene Unzulänglichkeit, die Ungerechtigkeiten dieser Welt und die Alternativlosigkeit in so vielen Bereichen. Das Gefühl ewigen, ausweglosen Scheiterns. Manchmal wünschte ich, das alles wäre mir einfach egal. Einfach wieder den Schweinsbraten meiner Großmutter essen und nicht darüber nachdenken, dass das mal ein Schweinchen Babe war. Ich habe mich dann gefragt, ob das Leben ohne den Wunsch nach Nachhaltigkeit nicht unbeschwerter wäre. Wäre ich glücklicher, wenn ich weniger abwägen würde? Was habe ich nun nach all diesen Jahren vorzuweisen? Unzählige Fragen, auf die ich bis heute keine befriedigende Antwort kenne. Was mit einer sehr überschaubaren Liste an nachhaltigen Verhaltensweisen begann, entwickelte sich über die Jahre zu einer immer größeren und schier unbezwingbaren Herausforderung. Meine Liste wurde immer länger, meine offenen Fragen immer mehr und mein Ziel rückte in immer weitere Ferne. Weder ich noch meine Produkte erfüllen die Ansprüche der kleinen Cornelia von vor 25 Jahren.

Die harte Wahrheit ist: Es gibt nicht die paar wenigen Verhaltensweisen und Regeln, an die wir uns halten müssen, um unsere Welt zu retten. Konsum und unsere bloße Existenz in der westlichen Welt sind immer mit Belastungen für die Umwelt verbunden. Wir müssen uns also von dem Gedanken verabschieden, dass unser Leben tatsächlich nachhaltig sein kann. Was also tue ich angesichts dieser desillusionierenden Erkenntnis? Aufgeben?

Meine
Nachhaltigkeit

Meine Nachhaltigkeit

Für mich kam Aufgeben nie in Frage. Ich kann und will nicht vergessen, was ich weiß: Nachhaltigkeit ist eine Notwendigkeit. Ob wir wollen oder nicht – wir sind mit unserer Umwelt so unzertrennlich verbunden, dass wir von ihrem Wohlergehen abhängig sind. Und selbst wenn Innovation, Digitalisierung und Technologisierung so manche der von uns verursachten Schäden ausgleichen werden können, müssen wir uns alle fragen: Wie viele Tierarten sollen noch aussterben? Was passiert mit uns, wenn die Polkappen und die Gletscher endgültig geschmolzen sind und der Meeresspiegel steigt? Wie viele Gebiete auf der Welt werden in naher Zukunft aufgrund von Hitze oder Überschwemmung schon unbewohnbar sein? Welche Migrationsströme werden dadurch ausgelöst? Wie lange werden wir noch sauberes Wasser haben? Welche Infektionskrankheiten werden uns dann plagen? Werden die Dürren und Überschwemmungen bald unsere Ernten zerstören? Was für ein Leben möchten wir unseren Kindern ermöglichen? Denn eine lebenswerte Zukunft ist ohne Nachhaltigkeit nicht möglich.

Nachhaltigkeit ist aber nicht nur eine Notwendigkeit, sondern Ausdruck einer Wertschätzung des Lebens. In diesem Sinne sollte und kann sie keine untragbare Bürde (von Einzelnen) sein. Im Wesen der Nachhaltigkeit liegt schließlich die große Freude, Gutes zu tun. Sie kann ein unglaublich bereichernder und sinnstiftender Teil des Lebens werden, der auch auf persönlicher Ebene viel zurückgeben kann. Jede Marille, die ich rette, macht mich glücklich. Genauso wie jede Biene, die auf meiner Terrasse um die Blumen surrt. Das wunderschöne Gefühl, etwas Gutes zu tun oder Leid zu vermeiden, bereichert mein Leben. Man darf sich dieser Freude nicht berauben lassen, indem man sich nur auf die Defizite, Ungewissheit oder Missbrauch konzentriert. Wenn man sich immer nur vor Augen hält, was alles noch nicht geschafft wurde, woran man konstant scheitert und was es noch zu tun gäbe, endet alles wertvolle Bemühen in Frustration, denn eines ist gewiss: In der Nachhaltigkeit gäbe es immer noch mehr zu tun. Bedauerlicherweise können viele die schönen und freudvollen Seiten der Nachhaltigkeit gar nicht erst für sich entdecken, da sie von den aktuellen Dynamiken bereits zu frustriert, gereizt oder verunsichert sind.

Gescheitert. Und jetzt?

Ich hatte schon immer sehr hohe Ansprüche an mich selbst und wollte diesen auch genügen. Zugleich wollte ich aber nicht mein restliches Leben lang von Schuldgefühlen geplagt werden, wenn ich meinen Cappuccino mit Milchschaum trinke oder mal Essensreste wegwerfe. Nachhaltigkeit hat mich wie kaum etwas anderes gelehrt, dass Perfektionismus nicht immer zielführend ist. Nur weil man etwas nicht perfektionieren kann, bedeutet das noch lange nicht, es aufgeben zu müssen. Die eigenen Möglichkeiten und Kräfte sinnvoll einzusetzen bedeutet oft, seine eigene Begrenztheit, die leider oftmals noch alternativlosen Bedingungen und Ungerechtigkeiten dieser Welt anzuerkennen, ohne daran zu verzweifeln und sich davon entmutigen zu lassen. Ich habe sehr lange gebraucht, mir dies selbst zuzugestehen. Selbstverständlich habe ich wie alle Menschen neben der Nachhaltigkeit auch andere essenzielle Bedürfnisse in meinem Leben, für die ich keine nachhaltige Lösung finde. Auch ich stecke manchmal in kleineren oder größeren Krisen, die jene Kraft von mir beanspruchen, die ich normalerweise gern für ein nachhaltiges Leben aufbringe. Wenn ich zu Hause immer nur fair gehandelten Biokaffee trinke, dann will ich im Falle eines Mangels an nachhaltigen Alternativen im Urlaub trotzdem einen Kaffee genießen können, auch wenn er womöglich vom Teufel persönlich geröstet wurde. Auch ich möchte ohne Druck und schlechtes Gewissen die süßen Momente des Lebens genießen, denn ansonsten wird man als Mensch bitter.

Ein Gedankenspiel dazu: Es ist derzeit unmöglich, 100 Prozent vegan zu leben. Angefangen bei den Tieren, die in Obstplantagen erschossen werden, weil sie Fressschäden verursachen könnten, und den unzähligen Tieren, die von Traktoren und Mähdreschern getötet werden. Über die tausenden kleinen Tierchen, die bei der

Weiterverarbeitung von Obst- und Gemüseernten in Endprodukte wie Marmelade, Schokolade oder Cremespinat kommen. Bis hin zu den unzähligen toten Tieren, die sich als Bindemittel nicht nur in den Deckeln von Gläsern und Etiketten, sondern in Autoreifen, Schuhen und unzähligen anderen Alltagsgegenständen befinden. Sollte man sich deshalb entmutigen lassen und gleich wieder einen Schweinsbraten essen gehen? Natürlich nicht. Vielmehr zeigt es, dass Perfektion derzeit nicht möglich ist. Genauso verhält es sich mit der Nachhaltigkeit. Auch wenn 100 Prozent nachhaltig sein (noch) nicht möglich ist, sollte man sich davon nicht entmutigen lassen.

Hätte ich meinen Wunsch nach Perfektion nicht aufgegeben, müsste ich mit meinem aktuellen Wissensstand in letzter Konsequenz unter größter Anstrengung und absolutem Verzicht vollkommen autark leben und dürfte die vorhandene Infrastruktur der westlichen Welt nicht mehr nutzen. Also zurück ins Hippiedorf nach Portugal, an dem ich schon einmal kläglich gescheitert bin. Doch was bewirke ich für die Welt, wenn ich diesen Weg wähle? Realistisch betrachtet kann es nicht das Ziel unserer Entwicklung sein, die Errungenschaften der modernen Zivilisation aufzugeben, indem wir zu Selbstversorgung, dem Baden in öffentlichen Gewässern und Segelschiffen als maritime Transportmittel zurückkehren. Für mich ist mittlerweile klar: Nachhaltigkeit braucht nicht einige wenige Menschen wie mich, die nach unerreichbarer Perfektion streben, sondern Millionen von Menschen, die viele Fehler machen dürfen. Denken wir zum Beispiel an die Reduktion von Fleischkonsum: Alle vegan und vegetarisch lebenden Menschen dieser Welt werden durch ihren generellen Verzicht nicht ansatzweise so viel Umweltentlastung bewirken, als wenn alle Menschen hie und da einen fleischlosen Tag einlegen würden. Niemand kann und muss die Welt allein retten. Nur gemeinsam können wir etwas erreichen!

Angekommen

Nachhaltigkeit wird uns in ihrer schier undurchschaubaren Komplexität trotz ihrer Dringlichkeit als andauernder Prozess immer weiter begleiten, bis wir all ihre Herausforderungen gelöst haben. Der Stand der Wissenschaft wird sich weiterhin laufend ändern, es wird künftig zu unzähligen Fehlentscheidungen in Politik, Gesellschaft und Wirtschaft kommen. Alles wird und kann wiederholt infrage gestellt werden. Es wird immer Menschen geben, die Nachhaltigkeit für ihre eigenen Zwecke missbrauchen. Es wird Skandale in noch nie dagewesener Größenordnung geben. Es wird auf unzählige Fragen noch lange keine oder vielleicht sogar niemals eine konkrete Antwort geben. Vieles wird noch sehr lange ungelöst bleiben. Die für diesen langen Weg notwendige Motivation und das Durchhaltevermögen kann man gewiss nicht mit Schuld und Angst in die Menschen „hineinshamen". Nachhaltigkeit ist genauso vielfältig und individuell wie der Mensch selbst.

Meine wichtigste Erkenntnis ist: Ich kann mir *meine* Nachhaltigkeit selbst gestalten. *Meine* Nachhaltigkeit bedeutet, dass sie an meine Bedürfnisse, Kapazitäten und Begrenztheiten angepasst ist. Dass ich mir eingestehe, Fehlschläge gehören unvermeidlich dazu. Dass ich glücklich sein kann, auch wenn ich nie zufrieden sein werde. Niemand von uns kann oder muss sofort alles ändern. Unser Ziel muss es sein, dass wir uns langfristig auf ein nachhaltigeres Leben einlassen. Jede einzelne nachhaltige Handlung ist wertvoll. Je mehr Menschen ab und zu eine nachhaltige Handlung setzen, umso mehr können wir gemeinsam erreichen. Wie schaffen wir es also, dass mehr Menschen nachhaltiger leben können und auch wollen?

Was Nachhaltigkeit wirklich braucht
Wir müssen uns zunächst darüber bewusst werden, dass Nachhaltigkeit eine unumgängliche Notwendigkeit ist, denn mangelndes Problembewusstsein ist die größte Eintrittsbarriere. Ich hoffe, dies geschieht, bevor uns die Umwelt in aller Härte mit immer mehr Katastrophen dazu zwingen wird.

In weiterer Folge geht es aber nicht sofort um die Umsetzung einzelner konkreter Maßnahmen, sondern vielmehr darum, die Grundvoraussetzungen dafür zu schaffen, dass Nachhaltigkeit so schnell wie möglich in unser aller Leben Einzug halten kann. Ich bin davon überzeugt, dass wir zuerst vorhandene negative Tendenzen, Vorurteile und Dynamiken ausräumen müssen, damit Nachhaltigkeit für mehr Menschen erstrebenswert werden kann. Dafür finde ich folgende Punkte besonders wichtig:

- Es gilt Verständnis dafür zu schaffen, was Nachhaltigkeit tatsächlich bedeutet. Ein adäquates Verständnis des Konzeptes ist vor allem wesentlich, um zu erkennen, wann es von jemandem fälschlich verwendet oder gar für eigene Zwecke missbraucht wird. Zum Verständnis von Nachhaltigkeit gehört aber auch die Akzeptanz, dass vieles noch lange ungewiss, ungelöst und ungreifbar bleiben wird und noch viele Fehler passieren werden.

- Zur Bereitschaft, Verantwortung wahrzunehmen und sich nachhaltiges Handeln als dauerhaftes Ziel zu setzen, gehört die Anerkennung unserer individuellen Bedürfnisse, Kapazitäten sowie unserer eigenen und generellen Begrenztheit. Sie ist das wesentliche und nötige Fundament einer entsprechenden konstruktiven Fehlerkultur, die weder moralisiert noch verurteilt.

- Nachhaltigkeit darf nicht als Mittel sozialer Distinktion missbraucht werden, um vermeintliche Unter- oder Überlegenheiten zu konstruieren. Nachhaltigkeit darf uns nicht spalten, sondern muss uns in unserem ureigensten Interesse als gemeinsames Ziel verbinden. Es geht nur gemeinsam.

- Die Entwicklung einer konstruktiven kollektiven Nachhaltigkeitsperspektive erfordert einen bewussten Konsum von Informationen und Zurückhaltung in der Verbreitung von fatalem Halbwissen und alternativen Fakten.

Schluss mit der Illusion von perfekter Nachhaltigkeit

„Das passt aber nicht zu dir!" Diesen Satz habe ich in den vergangenen Jahren so oft gehört, wenn Leute mich in den offensichtlich nicht sehr nachhaltigen Situationen „erwischten", wenn ich eine Zigarette rauchte oder irgendwo mit meinem Auto ankam. Manche klingen dabei richtig entsetzt. Manchmal höre ich aus diesen Kommentaren fast ein wenig Genugtuung oder Erleichterung heraus, im Sinne von *„Hach, die ist ja auch gar nicht so nachhaltig, wie sie immer tut!"*. Sofort wird meine Glaubwürdigkeit infrage gestellt. Solches Verhalten passt nicht ins Bild einer nachhaltigen Frau und Unternehmerin.

Das Fahren großer SUVs, die Bilder der Fernreise auf Instagram oder das Einkaufen mit dem Jutebeutel im Supermarkt haben eines gemeinsam: Sie alle sind für andere Menschen sichtbar.

Viele Studien belegen, dass sich einige Menschen in der Öffentlichkeit nachhaltiger präsentieren, als sie es tatsächlich sind oder sein können, wie wir inzwischen wissen. Das zeigt sich vor allem darin, dass Nachhaltigkeitssünden, die für andere sichtbar sind, wesentlich häufiger in den öffentlichen Diskurs aufgenommen werden und so in der breiten Masse ankommen und zu Verhaltensänderungen oder zumindest zu Kritik und Missachtung führen. Hoch im Kurs stehen derzeit Themen wie Flugreisen, Palmöl, SUVs und Plastik. Ganz anders sieht es hingegen bei nachhaltigen Handlungen aus, die keiner beobachten kann. Nicht umsonst wird der Großteil der Lebensmittel in Privathaushalten weggeworfen. Niemand straft mich mit verächtlichen Blicken, wenn ich zu Hause im stillen Kämmerchen Lebensmittel entsorge, die ich nur anlässlich irgendeiner Aktion unnötig gekauft habe. Wir erinnern uns: Nimm drei, zahl zwei ...

Durch den Fokus auf das Sichtbare hat sich bei manchen die Illusion entwickelt, es gäbe Menschen, die immer nachhaltig handeln. Nachhaltigkeit als perfekter Endzustand. Dies würde bedeuten, dass alles, was dieser Mensch tut, nachhaltig ist. Ein Mensch mit einem ökologischen Fußabdruck von 1,8 globalen Hektar. Der große Traum der kleinen Cornelia. Wie wir bereits wissen, ist das leider ein Ziel, das niemand von uns erreichen kann. Wir alle leben je nach unseren Bemühungen mehr oder weniger nachhaltig. An manchen Tagen agieren wir nachhaltiger als an anderen. Doch niemand von uns ist immer in allem nachhaltig. Auch wenn Nachhaltigkeit an sich in unserer Gesellschaft noch nicht klar definiert ist, gibt es aber bereits ein ganz bestimmtes Bild, wie ein nachhaltig lebender Mensch sich zu verhalten hat. Und Rauchen und Autofahren gehören ganz bestimmt nicht dazu. Bei genauerem Hinsehen wäre es aber immer sofort möglich, bei jedem Menschen etwas zu entdecken, das nicht nachhaltig ist. Vielleicht sind die Verfehlungen nicht wortwörtlich so groß wie ein SUV oder nicht so offensichtlich wie eine Fernreise, doch wie wir wissen, geht Nachhaltigkeit weit über diese medial breitgetretenen Probleme hinaus. Denken wir nur an unsere Marillenmarmelade. So braucht man eigentlich nur auf die Kleinigkeiten zu schauen: das neue Handy, ein T-Shirt aus dem asiatischen Sweatshop oder der Schokoriegel, in dem Kindersklavenarbeit steckt.

Wir alle tun täglich direkt oder indirekt unzählige Dinge, die nicht nachhaltig sind. Sei es aus Unwissenheit, aus abweichenden Prioritäten, weil uns gerade ein anderes Bedürfnis wichtiger ist oder in vollem Bewusstsein aus Genuss. Der Grundsatz lautet also eindeutig: Wer im Glashaus sitzt, soll nicht mit Steinen werfen. Leider gibt es trotzdem noch sehr viele Personen, die andere in Bezug auf Nachhaltigkeit belehren und zurechtweisen, als hätten sie selbst bereits alle Herausforderungen der Nachhaltigkeit gemeistert. Niemand kann konsequent nachhaltig sein, so meine These und meine Überzeugung. Ich denke: Wir alle lassen uns nur sehr ungern von jemanden belehren, der selbst auch ganz bestimmt Nachhaltigkeitsleichen im Keller hat.

Genau wie bei dem Beispiel der als arrogant bezeichneten Vegetarier*innen und Veganer*innen hat das Moralisieren so mancher auch hier Konsequenzen für alle. So warten viele mittlerweile geifernd auf einen Fehltritt von Menschen, die sich um Nachhaltigkeit bemühen, und dieser wird natürlich kommen. Ein gutes Beispiel für die massiven Auswirkungen zeigte sich, als Greta Thunberg im August 2019 zur UN-Klimakonferenz in New York nicht mit dem Flugzeug anreisen wollte. Sie wollte ein Zeichen setzen und überquerte den Atlantik klimaschonend mit einem Segelschiff. Grundsätzlich bewies sie mit dieser Geste hohe Integrität. Sie blieb ihren Worten und Werten treu und nahm eine sicherlich mühsame und anstrengende zweiwöchige Schiffsreise auf sich, anstatt innerhalb weniger Stunden komfortabel mit dem Flugzeug anzureisen. Als dann jedoch wenige Tage später bekannt wurde, dass für diese Aktion eine Vielzahl an Menschen mit dem Flugzeug an- und abreisen mussten, die andernfalls nicht geflogen wären, stürzten sich sämtliche Medien wie Hyänen auf das Thema und konstruierten einen unfassbaren Konflikt. So titelten die „Welt": *Jetzt ist Greta Thunbergs Segeltrip nicht mehr sauber*; „Die Zeit": *Segeltörn soll klimaschädlicher* *sein als Flugreise;* und „Der Spiegel": *Ist Greta Thunbergs Segelreise nach New York doch nicht klimafreundlich?* Die unzähligen Zitate des Shitstorms auf Social Media möchte ich gar nicht erst ausführen. Die gutgemeinte Aktion wurde als theatralisch abgewertet und als billige PR-Kampagne in der Luft zerrissen. Öl im Feuer der Kritik gegen Greta. Sogar Menschen, die sonst hinter Greta standen, fühlten sich durch diese Aktion vor den Kopf gestoßen. Viele relevante Details zur Komplexität dieser Entscheidung kamen erst viel später – doch wesentlich weniger medienwirksam – zutage.

Ganz ehrlich? Ich denke, es wäre für das Vorankommen der Nachhaltigkeit besser gewesen, wenn Greta selbstbewusst mit dem Flugzeug nach New York geflogen wäre. Ihr Segeltrip erweckte bei vielen den Eindruck, sie wolle unfehlbar sein, und verstärkte damit vorhandene negative Dynamiken noch mehr. Genauso wie sich die Medien auf Greta stürzten, reagieren mittlerweile viele gereizt und genervt auf die Überheblichkeit so mancher. Ihre unvermeidlichen Verfehlungen führen bei vielen zu Irritation, wenn nicht sogar zu Genugtuung. In letzter Konsequenz verstärken sie damit das bereits überhebliche Image von Nachhaltigkeit und entziehen ihm Glaubwürdigkeit.

Die aktuellen Perfektionsansprüche und die Illusion der Unfehlbarkeit erzeugen einen enormen Druck, ein abgehobenes Image und eine katastrophale Fehlerkultur. Die Angst, zu scheitern und vielleicht dafür verurteilt zu werden, kann so monströs werden, dass man sich gar nicht erst traut, damit zu beginnen. Andere sind dadurch vielleicht auch schon zu gereizt oder genervt, um sich überhaupt mit Nachhaltigkeit beschäftigen zu wollen. Genau wie ich, wird jede*r viel öfter, als einem lieb ist, Handlungen setzen, die nicht nachhaltig sind. Für die Entwicklung von Nachhaltigkeit bringt es aber sicher nichts, diese vor anderen verstecken zu wollen. Deshalb entscheide ich mich ganz bewusst dazu, mich mit meinen Lastern und Schwächen zu zeigen, obwohl es ein leichtes wäre, mein Auto irgendwo um die Ecke zu parken und die letzten Schritte tadellos nachhaltig zu Fuß zu gehen. Erst wenn man in seinem Bestreben nach Nachhaltigkeit offen zu den eigenen Fehlern und Unzulänglichkeiten steht, kann Nachhaltigkeit menschlich und nahbar werden. Alles andere ist eine Lüge, eine Illusion von perfekter Nachhaltigkeit. Wenn wir uns das Leben im Namen der Nachhaltigkeit gegenseitig zur Hölle machen, wird es nicht mehr lange dauern, bis keiner mehr etwas mit Nachhaltigkeit zu tun haben will. Niemand möchte langfristig Teil einer Bewegung sein, die geprägt ist von einer anklagenden und aggressiven Fehlerkultur. Eine Scheinwelt, in der es vor allem darum geht, wie man sich in der Öffentlichkeit präsentiert. Deshalb sollten auch endlich alle damit aufhören, Steine aus ihren Glashäusern zu werfen, und sich stattdessen in aller Ruhe mit der eigenen unausweichlichen Fehlbarkeit beschäftigen.

Je mehr man über Nachhaltigkeit weiß, umso eher kann man akzeptieren, dass man nicht alles wissen kann. Dadurch wird begreifbar, dass es unmöglich ist, ausschließlich nachhaltige Handlungen zu setzen. Die Tatsache, dass niemand von uns perfekt und unfehlbar nachhaltig ist, darf uns aber nicht demotivieren, sie sollte vielmehr befreien und uns erlauben, einen sachlichen und verantwortungsvollen Zugang zur Nachhaltigkeit zu finden. Viel wichtiger und sinnvoller ist es, reflektiert mit unserer Begrenztheit umzugehen, sowie sich selbst und anderen Nachhaltigkeitsfehltritte zuzugestehen. Nur wenn man sich den Druck eines unmöglichen Perfektionismus nimmt, kann man für sich selbst Nachhaltigkeit in der eigenen Geschwindigkeit, nach den eigenen Bedürfnissen und Möglichkeiten gestalten. Denn Nachhaltigkeit ist kein exklusiver Club, in dem man erst Mitglied werden kann, wenn man – nach außen – perfekt ist.

Inklusion statt Abgrenzung

Die Klimakrise betrifft uns alle und trotzdem beanspruchen viele Nachhaltigkeit für sich, um sich von anderen abzugrenzen. Ursprünglich wurde Nachhaltigkeit – mehr oder weniger positiv konnotiert – vor allem den sogenannten Ökos zugeschrieben. In den Köpfen von so manchen haben diese Dreadlocks, dreckige Füße vom vielen Barfußlaufen, umarmen Bäume und ziehen vornehmlich selbst gestrickte Hanf- und Leinenkleider an. Dies hat sich inzwischen verändert.

Im Zuge des postmaterialistischen Wertewandels hat Nachhaltigkeit zunehmend an Popularität gewonnen. Heute sind insbesondere Moralvorstellungen und Ideale ein beliebtes Mittel, um sich von anderen Menschen abzugrenzen und ein positives soziales Image zu generieren. Sozialpsychologische Studien über Identität zeigen schon lange, dass Menschen moralisch gut sein wollen. Kaum jemand möchte vorsätzlich falsch handeln. Deshalb versuchen immer mehr ihre Identität über Nachhaltigkeit zu definieren. Dies wäre grundsätzlich sehr zu begrüßen, doch viele tun dies nicht zuletzt, um sich damit von anderen abzugrenzen und Überlegenheit zu bekunden. So wird Nachhaltigkeit seit einigen Jahren mehr und mehr als exklusiver Lifestyle von Hipstern, Bobos und Grün-Wähler*innen beansprucht. Während meiner Studienzeit entwickelte sich daraus auch die zahlungsstarke Zielgruppe der LOHAS – Lifestyle of Health and Sustainability. Eine Gruppe von gut gebildeten Menschen mit höherem Einkommen, die vor allem durch ihren Konsum die Welt besser machen wollen. Auch wenn viele dabei vermutlich die besten Intentionen haben, dient ihr Verhalten unter anderem aber auch der sozialen Distinktion. Leider geht mit diesem Lifestyle manchmal eine gewisse Überheblichkeit einher, der bei vielen Außenstehenden verständlicherweise zu Ablehnung führt. Die konsumstarke Gruppe der LOHAS ist außerdem wesentlich daran beteiligt, dass Nachhaltigkeit heutzutage von vielen als Luxus bezeichnet wird, da ihr gehobener Lebensstil assoziativ mit Nachhaltigkeit in Verbindung gebracht wird. So entstand unter anderem das fatale Vorurteil, dass man sich Nachhaltigkeit erst einmal leisten können müsse. Neben diesen Vorurteilen wird Nachhaltigkeit dann noch vermengt mit politischen Ansichten, Ideologien, Wahlverhalten und anderen Lebenseinstellungen, die absolut nichts mehr mit dem Grundkonzept von Nachhaltigkeit zu tun haben. Dies ist für Nachhaltigkeit, deren Definitions- und Abgrenzungsprobleme ohnedies schon groß genug sind, wiederum absolut nicht förderlich.

Mittlerweile hat sich ein recht klares stereotypes Bild von nachhaltigen Menschen etabliert, das kaum noch Raum für Vielfalt lässt. Viele tragen über ihren Konsum, ihren Ernährungsstil oder nachhaltige Verhaltensweisen ihre moralischen Überzeugungen nach außen. Man will so anderen zeigen, dass man gebildet und sich der Probleme der heutigen Zeit bewusst ist. Image entsteht vor allem da, wo andere es gut sehen können. Dies verstärkt auch die beschriebene Illusion von perfekter Nachhaltigkeit. Eine der am besten erforschten identitätsbildenden Handlungen im Bereich Nachhaltigkeit ist das Einkaufen mit dem selbst mitgebrachten Jutebeutel. Kaum etwas ist verpönter, als seinen Einkauf in einem Plastiksackerl nach Hause zu tragen. Und so kommt der Jutebeutel nicht nur aus nachhaltiger Überzeugung zum Einsatz, sondern als offensichtliches Zeichen der eigenen Identität in Abgrenzung vom Proletariat der Plastiksackerlträger. Dies passiert aber nur in den wenigsten Fällen bewusst.

Wusstest du, dass ... man einen Jutebeutel bis zu 100-mal verwenden muss, damit er eine bessere Ökobilanz hat als ein Plastiksackerl?

Grund für die schlechte Ökobilanz bei Jutebeuteln ist die ressourcenintensive Produktion. Baumwolle wird im Globalen Süden erzeugt und verbraucht unglaublich viel Wasser. Auch die Verarbeitung von Baumwolle bis hin zum Jutebeutel ist extrem ressourcenintensiv. Und wenn man sich denkt, „Ja, ist aber immer noch besser als das Rohöl, das man für die Produktion von Plastik bräuchte", vergisst man dabei, dass das Betreiben von Maschinen, die aus Baumwolle unsere Jutebeutel produzieren, und die Lkws, die sie transportieren, ebenso alle Rohöl benötigen. Ich weiß nicht, wie es anderen Menschen geht, aber ich habe mittlerweile unzählige Jutebeutel von Kongressen und Veranstaltungen, die sich – unbenutzt – bei mir auftürmen.

Weder der Lebenswandel von Ökos noch der Lifestyle des hippen Bobos aus einem angesagten gentrifizierten Stadtviertel mit dem Jutebeutel sind für alle Menschen erstrebenswert. Gleichwohl gibt es viele ohne Dreadlocks und Jutebeutel, die der Umwelt Gutes tun. So ist meine Großmutter sicherlich um ein Vielfaches nachhaltiger, als ich es je sein werde, obwohl sie wahrscheinlich noch nie etwas vom Club of Rome oder dem ökologischen Fußabdruck gehört hat. Moderne nachhaltige Verhaltensweisen wie Kleidertauschpartys, Unverpackt-Läden und Grundsätze wie „reparieren statt wegwerfen" sind in ihrem Leben schon immer eine Selbstverständlichkeit. Würde man sie jedoch fragen, ob sie sich selbst als nachhaltig bezeichnen würde, würde sie dies wohl verneinen. Sie fühlt sich dem Stereotyp der Nachhaltigkeit, den Luxus-Vorurteilen und den damit verbundenen politischen und ideologischen Ansätzen nicht zugehörig und lehnt die Überheblichkeit so mancher Vertreter*innen dieses Lebensstils kategorisch ab.

Wir haben es also tatsächlich geschafft, dass „nachhaltig sein" mittlerweile nur einer ganz bestimmten Gruppe von Menschen – überwiegend aus falschen Gründen – zugesprochen wird. Und so ist nachhaltig kein Attribut mehr, das alle gern mit Freude und Stolz für sich beanspruchen möchten.

Diese Stereotype und Abgrenzungen gilt es dringend zu durchbrechen. Man muss sich keine hippe Jutetasche mit einem systemkritischen Spruch umhängen und am Samstag mit dem restaurierten Klapprad auf den Bauernmarkt radeln, um sich nachhaltig fühlen zu dürfen. Man kann aber. Klar. Dies meine ich völlig wertfrei, vor allem, weil auch mich sicherlich viele der Gruppe der systemkritischen grünwählenden Stadtbobos zuordnen würden. Ich würde mir trotzdem wünschen, dass auch Menschen wie meine Großmutter stolz darauf sein können, wie nachhaltig sie leben und welch wertvollen Beitrag sie damit schon ihr Leben lang für unsere Umwelt leisten. So schwer diese Einsicht für die meisten politisch linksorientierten Menschen sein mag, es gibt auch zahlreiche politisch Rechtsstehende, die vielleicht sogar nachhaltiger leben als man selbst. Auch sie kaufen gern Obst und Gemüse mit der „richtigen" Staatsbürgerschaft. Nachhaltigkeit darf keine einseitige politische oder ideologische Gesinnung haben, nur weil bestimmte Parteien sich mehr für sie einsetzen als andere. Schon gar nicht darf sie dafür missbraucht werden, um sich anderen überlegen zu fühlen. Würde man diesen Gedanken zu Ende denken, dürften sich die Menschen im Globalen Süden mit ihrem durch Armut geprägten umweltschonenden Leben ganz besonders überlegen fühlen. Nachhaltigkeit darf auch nicht an Einkommen oder Bildung gekoppelt werden, denn sie betrifft uns alle. Deshalb darf sie niemand exklusiv für sich beanspruchen. Kurz: Nachhaltigkeit gehört uns allen.

Nicht jeder Ratschlag ist der richtige für dich

Befreit vom Druck des Perfektionismus und im Einklang mit den eigenen Bedürfnissen kann und sollte Nachhaltigkeit von uns allen individuell und vielfältig gestaltet werden. Jetzt geht es darum, die ersten oder weiteren Schritte auf dem selbstgestalteten Weg in Richtung mehr Nachhaltigkeit zu setzen. Verständlicherweise fühlt man sich als Einzelne*r angesichts der Größe und Komplexität des Problems oft machtlos. Eine schier hoffnungslose Situation. Wenn man aber anerkennen kann, dass man selbst Teil des Problems ist, kann man schon erkennen, dass man dadurch automatisch Teil der Lösung sein kann. Auch die großen Umweltbelastungen durch die Konzerne sind nur die Summe aller Einkäufe. Nahezu jede unserer Handlungen – vom Aufstehen bis zum Schlafengehen – hat nachhaltige Konsequenzen. Gestalten wir auch nur eine einzelne dieser Handlungen etwas nachhaltiger, ist das bereits besser als keine. Denn viele kleine Schritte machen insgesamt einen großen Unterschied. Doch für manche stellt sich nun vielleicht die Frage:

Wo soll ich anfangen?

Wer nachhaltiger leben möchte und nicht weiß, wo er anfangen soll, muss nicht lange suchen. Das Internet und die Bücherregale sind voll von unzähligen Ratschlägen, wie man nachhaltiger leben kann. Oft im Imperativ formuliert, wird man mehr oder weniger faktenbasiert dazu aufgefordert, mehr hiervon und weniger davon zu tun. Einkaufen geht man am besten nur mit einem Wochenplan. In die Arbeit fährt man sowieso nur noch mit dem Fahrrad. Den Kühlschrank räumt man so ein. Die Waschmaschine wird nur eingeschaltet, wenn sie richtig voll ist und dann bitte nur mit 30 Grad.

In den Urlaub fährt man mit dem Zug. Beim Zähneputzen wird das Wasser abgedreht und statt einem Vollbad gibt es eine schnelle Dusche. Du solltest Palmöl vermeiden. Fleischlostage machen. Reste verwerten. Einweg ist sowieso der Teufel und am besten hat man immer seinen eigenen Cup to go dabei. Und wenn wir schon dabei sind, dann solltest du auch immer eine Flasche mit Leitungswasser dabeihaben, anstatt dir abgefüllte Getränke zu kaufen. Für die Körperpflege hat man am besten nur noch eine einzige unverpackte Seife. Statt Fertiggerichten sollte man lieber immer selbst kochen und am besten noch Brot backen. Kleidung sollte am besten secondhand gekauft oder geliehen werden. Obst und Gemüse darf nur regional und saisonal sein und das holt man sich bestenfalls selbst mit dem Fahrrad direkt vom Bauern. Streamen bitte nicht in Ultra HD, da das sonst auf den Serverfarmen zu viel Energie verbraucht. Kühle Drinks bitte nicht mit einem Plastikstrohhalm schlürfen. Einwegkaffeefilter ersetzt man mit einem Mehrwegbaumwollfilter und die Küchenrolle durch auswaschbare Geschirrtücher. Elektrogeräte bitte bloß nicht im Stand-by-Modus lassen, sondern immer ganz abdrehen. Das Backrohr muss man nicht vorheizen und dann nur mit Umluft und nicht der energieintensiven Ober- und Unterhitze. Das Wasser für die Nudeln bringt man mit dem Wasserkocher zum Sieden, außer es handelt sich um eine zu große Menge Wasser, die zu einem zu hohen Energieverlust beim Umleeren führen würde. Bei Partys keine Einwegdekoration und Essensreste unbedingt allen Gästen mit nach Hause geben. Da klingt Nachhaltigkeit sofort wie ein Vollzeitjob, oder?

Da unsere Leben aber höchst individuell sind, passt nicht jeder Tipp für jeden Menschen. Wenn ich jemand bin, der immer wieder viel und auch spontan unterwegs ist, wird mir ein minutiös geplanter Wocheneinkauf im Supermarkt nicht zu weniger Lebensmittelabfall verhelfen. Wenn es für mich nach einem langen anstrengenden Tag nichts Schöneres gibt, als ein Vollbad zu nehmen, wird mir eine schnelle effiziente Dusche nicht zur notwendigen Entspannung verhelfen. Wenn das Auto ein geliebtes Hobby ist oder man in ländlichen Gebieten nur eine katastrophale öffentliche Verkehrsanbindung hat, wird man nicht auf das Fahrrad umsteigen. Es verhält sich im Grunde wie bei einer Diät: Zu großen

Verzicht halten wir auf Dauer nicht durch, wir geben nach wenigen Tagen wieder auf. Je mehr wir uns zu Verzicht zwingen und je strenger wir uns an die von uns selbst auferlegten Regeln halten, umso mehr entsteht auch das Gefühl, dass andere Menschen das gefälligst auch zu tun haben. Diese sehr menschliche Dynamik hat sich besonders während des Corona-Lockdowns deutlich gezeigt. Leute, die sich brav an Beschränkungen gehalten haben, gingen sogar so weit, ihre eigenen Nachbar*innen bei der Polizei zu melden, wenn diese sich nicht an die Regeln hielten. Nun ist es aber nun mal so, dass einen leistungsstarken SUV in der Stadt zu fahren oder eine Fernreise mit dem Flugzeug zu machen zwar nicht nachhaltig ist, aber innerhalb des erlaubten gesetzlichen Rahmens liegt – niemand kann deshalb die Polizei verständigen. Nur weil man zum Wohl der Umwelt selbst weiter geht, als die gesetzliche Pflicht es erfordert, kann man nicht über jene richten, die es nicht tun. Vielmehr sollte man für sich selbst ein angenehmes Maß finden, um nicht in Versuchung zu geraten, Frustgefühle ob des eigenen Verzichts an anderen auszulassen und damit die beschriebenen negativen Dynamiken, die Widerstände gegen Nachhaltigkeit bewirken, immer weiter voranzutreiben.

Besonders zu Anfang ist es also wichtig, dass man sich nicht sogleich selbst überfordert, sondern sich zunächst nachhaltige Verhaltensweisen sucht, die leicht in den eigenen Alltag integriert werden können. Deshalb ist es für einen sanften und vor allem langfristigen Einstieg in ein nachhaltigeres Leben am besten, mit seinen höchstpersönlichen *low hanging fruits* zu beginnen. Als *low hanging fruits* – niedrig hängende Früchte – bezeichnet man all jene Verbesserungen, die einfach und ohne großen Aufwand umsetzbar sind. Wenn die Betriebskantine eine schmackhafte vegetarische Option anbietet, fällt es um vieles leichter, einen fleischlosen Tag einzulegen, als wenn man sich im wahrsten Sinne des Wortes mit geschmacklosen frittierten Gemüselaibchen konfrontiert sieht. Ein simples Beispiel wäre auch, im Supermarkt immer ganz bewusst Produkte zu nehmen, die kurz davor sind abzulaufen, vor allem wenn ich sie noch am selben Tag verkochen möchte. So kann ich ganz einfach dazu beitragen, dass im Supermarkt weniger Lebensmittel weggeworfen werden müssen, und spare dabei sogar oft noch Geld. Ein effektives Beispiel sind größere Anschaffungen von elektronischen Geräten wie Kühlschränke, Geschirrspüler, Waschmaschinen und Fernsehgeräte. Nimmt man sich hier kurz die Zeit, eine gute und vor allem energieeffiziente Variante zu wählen, spart man jahrelang Energie, ohne je wieder darüber nachdenken zu müssen. Dann muss man nur noch der Verlockung des Rebound-Effekts widerstehen, indem man das durch die gesenkten Energiekosten ersparte Geld auch in nachhaltigeren Konsum und vielleicht nicht in den nächsten Städtetrip investiert.

Leider findet man auf der Suche nach seinen persönlichen *low hanging fruits* in Ratgebern und Online-Foren immer wieder widersprüchliche Tipps oder Fehlinformationen. So kann man beispielsweise in einem Ratgeber lesen, dass man das Geschirr *gefälligst* vorher mit der Hand abspülen soll, damit das Sparprogramm der Geschirrspülmaschine ausreicht. Auf anderen Nachhaltigkeitsblogs steht aber geschrieben, dass man bloß keine Energie dafür verschwenden soll, Geschirr vor der Spülmaschine abzuwaschen. So prasseln unzählige wohlgemeinte, aber manchmal auch schlicht grundlegend falsche Tipps auf uns ein.

low hanging fruits

Wer soll sich da noch auskennen?

Wie in jedem anderen Lebensbereich gilt auch in der Nachhaltigkeit: Glaub nicht jenen, die am lautesten schreien, und lass dich nicht von reißerischen Headlines verführen. Das Internet und die Medien sind voll von Fehlinformationen, alternativen Fakten und ganz viel Bauchgefühl. Auch der Ratschlag oder die skandalöse Enthüllungsgeschichte von Bekannten kann gut gemeint, aber absolut falsch sein. Da es für uns alle unmöglich ist, sich immer ausreichend über alles zu informieren, würde ich dazu raten, sich einmal die Zeit zu nehmen, verlässliche Quellen zu suchen und die darin enthaltenen Hinweise im Alltag bestmöglich zu integrieren. Man kann zum Beispiel ein gut recherchiertes und kritisches Magazin abonnieren oder vertrauenswürdigen Seiten auf Social Media folgen. Doch wie erkennt man vertrauenswürdige Quellen? Ich persönlich kann vor allem Umweltschutzorganisationen wie den WWF oder Greenpeace empfehlen, sowie das Umweltbundesamt, Ministerien und Universitäten. Informationen werden dort vielleicht nicht ganz so sexy in Social-Media-gerechten Häppchen präsentiert, ergänzt mit visuellen Reizen und Bildern von Katzenbabys, so wie wir es alle mittlerweile gewohnt sind, aber man kann Fehlinformationen besser vermeiden. Gute Berichte verweisen immer auf ihre Quellen. Skeptisch sollte man werden, wenn eine Informationsquelle vor allem mit reißerischen Texten arbeitet und Sachverhalte als uneingeschränkte Wahrheit präsentiert.

Wusstest du, dass ... französische Supermärkte doch nicht – wie weithin angenommen wird – alle Lebensmittel an Bedürftige weitergeben müssen?

Headlines wie „Frankreich: Supermärkte müssen Lebensmittel spenden" gingen vor wenigen Jahren um die ganze Welt. Die wenigsten wissen aber, dass dies nur ein Bruchteil der Wahrheit ist. Das neu erlassene Gesetz legte bloß fest, dass Lebensmittel nicht länger einfach auf der Müllhalde deponiert werden dürfen. Die Weitergabe an soziale Einrichtungen ist aber nur eine der vielen im Gesetzestext angeführten Möglichkeiten. Viel öfter werden die Alternativen wie Tierfuttererzeugung, Kompostierung und Energiegewinnung gewählt, davon war aber in fast keiner Berichterstattung zu lesen. Viele Menschen glauben jetzt allein durch die damaligen Headlines bis heute, dass in Frankreich alle überschüssigen Lebensmittel aus allen Supermärkten an soziale Einrichtungen gespendet werden. Supermärkte zur Weitergabe ihrer aussortierten Waren an soziale Einrichtungen zu zwingen wäre in der Realität nicht einmal umsetzbar, da es oftmals an der Logistik und den Kapazitäten der sozialen Einrichtungen scheitert, um die Waren anzunehmen und die anfallenden Mengen zeitgerecht bewältigen zu können. Durch meine Arbeit bei den Tafeln habe ich selbst die Erfahrung gemacht, dass manchmal große Mengen an fast schon ungenießbaren Lebensmitteln leider nur gespendet wurden, um die Entsorgungskosten abzuwälzen.

Das Gleiche gilt für Marken und Siegel, die Produkte als nachhaltig kennzeichnen. Es gibt mittlerweile hunderte Siegel mit riesigen Qualitätsunterschieden. Aus genau diesem Grund gibt es nun schon eigene Plattformen, auf denen man sie vergleichen kann. Wenn man sich einmal die Zeit nimmt und sich auf vertrauenswürdigen Plattformen über unterschiedliche Marken und Gütesiegel informiert, fällt das nachhaltige Einkaufen in Zukunft etwas leichter und das Risiko, auf Greenwashing hereinzufallen, wird minimiert. Wer sich die Zeit für eigene Recherchen zu Siegeln und Marken nicht nehmen möchte, wird bei Umweltschutzorganisationen schnell dazu fündig, welche Siegel als besonders vertrauenswürdig – oder eben nicht – eingestuft werden. Falls man sich selbst ein wenig damit beschäftigen möchte, sollte man bei Gütesiegeln vor allem darauf achten, ob sie nach anerkannten Standards arbeiten, ob Regeln verpflichtend sind, wie weit sie greifen, welche Ausnahmen es gibt und ob all dies auch von einer unabhängigen Stelle unangekündigt kontrolliert und sanktioniert wird. Ein gutes Beispiel hierfür ist das Biosiegel. Kaum ein Siegel hat so detaillierte Ausführungen zu Regeln und Grenzwerten. Für alle, die biologische Lebensmittel als Geldmacherei hinterfragen, habe ich noch eine kleine Anekdote über mein größtes Aha-Erlebnis: Während meines Studiums hatte ich zwei Meerschweinchen. Sie wuchsen auf mit Obst und Gemüse, das entweder aus dem Garten meiner Mutter oder mit dem Biosiegel aus dem Supermarkt kam. Karotten hatten es ihnen besonders angetan und so waren diese meist innerhalb weniger Minuten vollkommen verschwunden. Irgendwann gab es im Supermarkt keine biologischen Karotten und so entschied ich mich zwangsläufig dazu, meinen Meerschweinchen konventionelle zu kaufen. Drei Tage lagen diese Karotten in ihrem Käfig, bevor ich sie völlig unberührt wieder herausgenommen habe. Puppi und Weiwi wussten nicht, dass diese Karotten kein Biosiegel trugen, sie haben es aber trotzdem sofort gemerkt. Diese Geschichte gehört absolut zur Kategorie Bauchgefühl. Dabei habe ich es dann nicht belassen und mich im Rahmen meines Studiums und Unternehmens eingehend mit dem Biosiegel beschäftigt. Ich habe stundenlang mit unseren ökologischen Landwirt*innen darüber gesprochen, was die Zertifizierung tatsächlich für ihre Arbeit bedeutet. Nachdem ich nun auch selbst für eine Produktlinie um die Biozertifizierung angesucht habe und mich daher ausführlich mit den Kontrollen und Sanktionen beschäftigen musste, ist mein Vertrauen in dieses Gütesiegel nun stärker denn je. Selbstverständlich gibt es auch hier, wie auch überall sonst im Leben, Missbrauch und Skandale. Dies sollte aber weder hier noch sonst irgendwo zu generellen Vorurteilen und Verurteilungen führen. Man sollte bei Gütesiegeln aber bitte keine unrealistischen oder romantisierten Erwartungen haben. Begriffe wie „artgerechte Tierhaltung" sind nicht gleichzustellen mit paradiesischen Zuständen auf romantischen Almwiesen, sie garantieren mehrheitlich nur die Einhaltung der absoluten Grundbedürfnisse der Tiere. Man darf also nicht enttäuscht sein, wenn man sich die harte Realität von wirtschaftlicher Nachhaltigkeit genauer ansieht.

Würden alle Menschen zumindest ihre nachhaltigen *low hanging fruits* in ihr Leben integrieren, würde das bereits einen massiven Unterschied bedeuten. Sicherlich einen viel größeren, als es einige wenige mit hohem Perfektionsanspruch je erreichen könnten.

Sei gut zu dir und anderen

Wer darüber hinaus noch mehr nachhaltige Veränderung in seinem Leben anstrebt, ist mit einer der größten Herausforderungen der Menschheit konfrontiert: Verhaltensmuster ändern. Viele unserer Handlungen weisen aufgrund der damit verbundenen Anwendungshäufigkeit und Automatisierung eine starke Gewohnheitskomponente auf. Gewohnheiten sind im Menschen fest verankert und stellen somit eine besondere Herausforderung für eine mögliche Verhaltensänderung dar. Wie schwer es sein kann, Gewohnheiten zu durchbrechen, wissen vielleicht schon viele, die einmal versucht haben, sich zu mehr Sport oder gesünderer Ernährung zu motivieren. Neue Verhaltensweisen werden vor allem dann zur Gewohnheit, wenn sie positive Emotionen hervorrufen. Das geschieht verstärkt, wenn unsere Verhaltensweisen mit unseren Werten übereinstimmen. Das theoretische Wissen um den Zustand unserer Umwelt reicht für eine Verhaltensänderung aber nicht aus. Unser Wissen muss mit positiven Emotionen verknüpft werden, damit sie langfristig erstrebenswert werden und bleiben. Menschen setzen Handlungen, um Freude zu erzeugen oder Leid zu vermeiden. Derzeit bedeutet Nachhaltigkeit für viele noch das Vermeiden von Leid. Ich möchte kein schlechtes Gewissen mehr haben oder ich möchte von anderen nicht verurteilt werden. Dadurch wird es unmöglich zu erkennen, welch tiefgreifende und sinnstiftende Freude Nachhaltigkeit bewirken kann. Die Tatsache, dass Menschen gern gut sein wollen, birgt ein riesiges Potenzial, das in der Nachhaltigkeit bisher leider noch größtenteils ungenutzt bleibt.

Mir wird das vor allem immer wieder an den kleinen Dingen des Alltags bewusst: Obwohl meine Mutter den grünsten Daumen hat, ich das Talent also eigentlich in den Genen haben müsste, haben bei mir bis vor kurzem nicht einmal die pflegeleichtesten Pflanzen überlebt – hat einfach nicht geklappt. Seit ein paar Jahren habe ich nun selbst eine kleine Terrasse. Meine Mutter schenkte mir zum

Einstand selbstverständlich eine absolute Bienenweide – ein blühendes Basilikum. Basilikum mag es nachts nicht kalt, doch tagsüber möchte es schon gern in der Sonne stehen. So musste ich im März und April mein Basilikum jeden Tag am Morgen raus- und am Abend wieder reintragen. Selten habe ich für eine Pflanze so einen Aufwand betrieben, aber ich fühlte mich meinem Einstandsgeschenk verpflichtet. Ich wollte es zumindest probiert haben, bevor es dann eingehen würde. Doch innerhalb kürzester Zeit fiel mir auf, schon während ich mein Basilikum an seinen Platz in der Sonne trug, tummelten sich die ersten Bienen und Hummeln um die Blüten. Als würden sie jeden Tag darauf warten, dass ich ihnen ihr Frühstück serviere. Ich hatte damit so eine Freude, dass ab diesem Moment das Hinaustragen meines Basilikums mein morgendliches Highlight wurde, das ich sofort nach dem Aufstehen erledigte. Seitdem trage ich jedes Jahr schon mehrere Töpfe mit Pflanzen abends rein und morgens wieder an die Luft.

Wir sollten die Freude an den kleinen Dingen des Alltags mehr feiern, das kann man auf unterschiedliche Art und Weise machen. Wenn ich mich zum Beispiel aufraffe und mich auf vertrauenswürdigen Plattformen durch den schier undurchschaubaren Dschungel der Naturkosmetikzertifizierungen kämpfe und dann vielleicht extra in den weit entfernten Biosupermarkt pilgere, kann ich das neue nachhaltige Duschgel als Errungenschaft so richtig zelebrieren. Am besten stellt man sich dann in die Dusche, shampooniert sich genüsslich ein und genießt für eine Minute, dass man gerade die Welt ein kleines Stück besser gemacht hat. Und dass kein Tier für dieses Ich-tue-mir-gut-Erlebnis leiden musste. Oder dass nicht irgendwo der Regenwald für die Inhalts- und Wirkstoffe gerodet wurde. Oder man probiert einen ersten fleischlosen Tag – am besten nicht in irgendeiner Betriebskantine, sondern vielleicht besser in einem guten vegetarischen Restaurant – und lässt sich überzeugen, dass vegetarisch durchaus nicht immer fad sein muss. Und während man diesen vegetarischen Gustohappen genießt, klopft man sich innerlich auf die Schulter, denn man trägt gerade dazu bei, dass weniger Tiere sterben müssen. Dass weniger CO_2-Emissionen verursacht wurden. Herrlich! Da fühlt man sich richtig gut und das soll man auch. Es darf aber niemals dazu führen, dass man sich deshalb anderen Menschen überlegen fühlt, und schon gar nicht, dass man infolgedessen versucht, diese zu missionieren!

Probiert es aus: Schafft man es, die personifizierte Antithese der Nachhaltigkeit für einen gemeinsamen Besuch im vegetarischen Restaurant zu begeistern, dann sollte man diesen Menschen mit Begeisterung bei dem Experiment unterstützten und nicht das gemeinsame Essen dafür nutzen aufzuzählen, was es für die Nachhaltigkeit sonst noch alles zu tun gäbe. Genauso wenig sollte man Menschen wie Tom mit seinem Elektroauto in ihren Bemühungen, nachhaltigere Entscheidungen zu treffen, durch Kritik die Hölle heiß machen, auch wenn die Argumente dazu vielleicht sogar valide sind. Ich glaube fest daran, dass eine positive Verstärkung eigener und fremder nachhaltiger Handlungen langfristig zu mehr Nachhaltigkeit führt als alle Versuche, anderen die eigenen Überzeugungen – schlimmstenfalls durch Schuld-, Angst- oder Schamgefühle – aufzudrängen. Ein solches Vorgehen würde zwangsläufig nur zu inneren wie äußeren Konflikten, Spaltung und Ablehnung führen. Langfristig würden uns diese negativen Emotionen so unglücklich und verzagt machen, dass unser Gehirn relativ schnell wieder versuchen würde, uns wie beim Fleisch-Paradox durch noch mehr psychologische Tricks davor zu schützen und damit jede konstruktive Veränderung abzuwehren.

Langsam, aber doch

Fair gehandelten Kaffee gab es in Europa zu Beginn nur in wenigen kleinen Weltläden und auf Märkten zu kaufen. Als ich ein Praktikum bei Fairtrade machen durfte, erzählte mir eine Kollegin, dass der Kaffee anfangs noch grauenhaft geschmeckt habe. Man habe ihn aber aus Prinzip trotzdem mit Stolz getrunken, auch wenn es mit ganz viel Milch und Zucker sein musste. Jeder Schluck war ein wenig Weltverbesserung. Heute, fast dreißig Jahre nach der Etablierung des Gütesiegels im deutschsprachigen Raum, findet man fair gehandelte Produkte aus dem Globalen Süden in bester Qualität und mit hervorragendem Geschmack in allen Supermärkten Europas. Während man vor wenigen Jahren für mehr Nachhaltigkeit noch viele Einbußen hinsichtlich der Qualität oder Ästhetik hinnehmen musste, beweisen heute unzählige Marken, dass Nachhaltigkeit sehr modern sein kann und mit höchster Qualität, Ästhetik und Komfort einhergehen kann. Nachhaltige Produkte müssen dringend aus der Nische raus. Deshalb ist es jetzt wichtig, die Entwicklung qualitativ hochwertiger und massentauglicher nachhaltiger Produkte besonders voranzutreiben. Ziel muss es sein, dass die Produkte an sich so überzeugend sind, dass auch jene sie kaufen, denen Nachhaltigkeit (noch) vollkommen egal ist.

Nachhaltiger Konsum, vermeiden, verzichten und reduzieren allein werden aber niemals all unsere Probleme lösen können. Dafür braucht es disruptive Innovationen und jene Menschen, die sie mit Herzblut vorantreiben. Immer mehr Menschen berührt das Thema Nachhaltigkeit so sehr, dass sie einen Beitrag weit über ihr eigenes Handlungsfeld hinaus leisten möchten. Für eine Menge Probleme gibt es noch keine Lösungsansätze, denen man sich anschließen kann, und das bedeutet oftmals, dass sich viele mit vollem Risiko selbstständig machen müssen. Diese Entwicklung wird seit einigen Jahren durch den generellen Trend von Start-ups und Social Entrepreneurship positiv verstärkt. Menschen mit innovativen Nachhaltigkeitsideen werden gefördert, bekommen Investments und hochrangige Mentor*innen. Immer mehr Förderungen werden auch nur noch an Unternehmen vergeben, die einen wertvollen Beitrag zu nachhaltigen Entwicklungszielen leisten. Sogar Banken bieten mittlerweile nachhaltigen Unternehmen besondere Kredite an. Auch immer mehr Angestellte wünschen sich eine sinnstiftende Arbeit und verzichten dafür auch auf hohe Gehälter.

Und so kommt es, dass mittlerweile sogar schon Jugendliche an Technologien arbeiten, die unsere Weltmeere in den nächsten fünf Jahren von 50 Prozent des Plastikmülls befreien sollen. Andere revolutionieren durch künstliche Intelligenz den Logistikmarkt und wollen so nicht nur tausende Tonnen CO_2 einsparen, sondern vielen Firmen auch Millionen von Euro. Weltweit gibt es immer mehr Menschen, die wie ich verhindern wollen, dass täglich tausende Tonnen Lebensmittel unnötig weggeworfen werden. Egal ob Energie, Wohnen, Ernährung, Mobilität oder Konsum. Ich kenne keinen Bereich, in dem es nicht bereits Menschen gibt, die ihr Bestes geben, um schnellstmöglich eine nachhaltige Lösung zu finden. Viele von uns werden auch scheitern, aber aufgeben werden wir trotzdem nicht.

Wir erinnern uns an den netten Herrn aus dem Gastgarten, der das Auto meines Bruders als nicht besonders „vegan" bezeichnet hat? Ich musste innerlich schmunzeln, als heuer gleich zwei große Autohersteller tatsächlich die ersten veganen Autos auf den Markt gebracht haben, bei denen nun auch in der Plastikverkleidung und im Klebstoff keine toten Tiere mehr versteckt werden. Es wird also hoffentlich auch nicht mehr lange dauern, bis die Deckel und Etiketten meiner Marmeladengläser auch ohne tote Tiere auskommen ...

Da können wir doch ein wenig Hoffnung schöpfen, dass es wird. Langsam, aber doch. Wenn ich eines gelernt habe, dann, dass es für komplexe Probleme keine einfachen Lösungen gibt. Nachhaltigkeit ist ein Entwicklungsprozess, der uns noch sehr lange begleiten wird. Es wird viel Zeit in Versuche fließen, von denen sich am Schluss so manche als falsch oder sinnlos erweisen werden. Doch nur, weil wir so vieles noch nicht wissen, bedeutet es noch lange nicht, dass man noch nicht damit beginnen sollte. Vielmehr sollte nichts unversucht bleiben. Häufig zeigt sich erst bei der Umsetzung von Theorien in die Praxis, was sich tatsächlich bewährt. Es ergeben sich neue Probleme und Konsequenzen, die wiederum gelöst werden müssen. Ein Kreislauf. Doch genauso ergeben sich, wenn es gelingt, Chancen und neue Ideen, die motivieren und wieder andere inspirieren. Scheitern – sowohl persönlich, politisch als auch gesellschaftlich – wird, ebenso wie die Erschließung neuer Horizonte, noch lange Zeit ein wesentlicher Bestandteil von nachhaltiger Entwicklung sein. Umso wichtiger ist eine konstruktive Fehlerkultur. Und es wird strengere gesetzliche Rahmenbedingungen brauchen. Doch damit diese tatsächlich nachhaltig sind, brauchen wir zuerst ein geteiltes Problembewusstsein – dann können wir alle das, was zu tun ist, besser mittragen. Auch der Stand der Wissenschaft wird sich in vielen Bereichen noch mehrfach ändern, die Wissenschaft entwickelt sich permanent weiter. So wird niemand von uns allein die *eine* Lösung finden. Vielmehr müssen wir an einem Zusammenspiel von uns Individuen, Innovation, Politik, Wissenschaft und

Wirtschaft arbeiten. Wir sind nicht perfekt, wichtig ist, einfach irgendwo zu beginnen, alles, was folgt, ist ein hoffentlich freudvolles
und schuldbefreites Dazulernen. Machen wir den ersten Schritt,
dann folgt der nächste und es wird ein Weg daraus. Wenn alle, die
Nachhaltigkeit derzeit noch aus der Ferne beobachten, auch nur
eine Aktion setzen, kann sich innerhalb kürzester schon so vieles
bewegen. Erinnern wir uns, alles, was wir tun, hat eine Konsequenz
zur Folge, also los: Better done than perfect!

BETTER

DONE

than

per~~f~~ect

Quellenverzeichnis

Brunner, K.M., Geyer, S., Jelenko, M., Weiss, W. und Astleithner, F. (2007), Ernährungsalltag im Wandel. Chancen für Nachhaltigkeit, Springer, München.

Caplan, P. (1997), Food, health and identity, Routledge, London.

Coles, B. und Hallett IV, L. (2012), „Eating from the bin: salmon heads, waste and the markets that make them", The Sociological Review, Vol. 60, No. S2, S. 156–173.

Cox, J., Griffith, S., Giorgi, S. und King, G. (2013), „Consumer understanding of product lifetimes", Resources, Conservation and Recycling, Vol. 79, No. n.v., S. 21–29.

Dixon, J. und Isaacs, B. (2013), „Why sustainable and 'nutritionally correct' food is not on the agenda: Western Sydney, the moral arts of everyday life and public policy", Food Policy, Vol. 43, No. n.v., S. 67–76.

Eppel, S., Sharp, V. und Davies, L. (2013), „A review of Defra's approach to building an evidence base for influencing sustainable behaviour", Resources, Conservation and Recycling, Vol. 79, No. n.v., S. 30–42.

European Social Survey (2019, „European Attitudes to Climate Change and Energy: Topline Results from Round 8 of the European Social Survey", unter: https://www.upf.edu/documents/3966940/3986764/TL9+Climate+Change+FINAL.PDF/29edc5db-d960-c17c-db29-f65300552b47

Evans, D. (2011), „Blaming the consumer – once again: the social and material contexts of everyday food waste practices in some English households", Critical Public Health, Vol. 21, No. 4, S. 429–440.

Evans, D., Campbell, H. und Murcott, A. (2013), Waste Matters: New Perspectives on Food and Society, Wiley-Blackwell, Hoboken.

Grunwald, A. (2003), Nachhaltigkeit und Schlüsseltechnologien. Ein ambivalentes Verhältnis, Ökologisches Wirtschaften, Heft 6, S. 13–14.

Klotter, C. (2016), Identitätsbildung über Essen. Ein Essay über „normale" und alternative Esser, Springer, Wiesbaden.

Kruger, J. und Dunning, D. (1999), „Unskilled and Unaware of It: How Difficulties in Recognizing One's Own Incompetence Lead to Inflated Self-Assessments", Journal of Personality and Social Psychology, Vol. 77, No. 6, S. 1121–1134.

Kunz, M., Varga-Kunz, S. und Fehlhaber, K. (2013), Verwenden statt verschwenden!: Nachhaltig mit Lebensmitteln umgehen, Wilhelm Goldmann Verlag, München.

Meadows et al., Die Grenzen des Wachstums. Bericht des Club of Rome zur Lage der Menschheit.

Minson, J.A. und Monin, B. (2011), „Do-Gooder Derogation: Disparaging Morally Motivated Minorities to Defuse Anticipated Reproach", Social Psycholgocial and Personality Science, unter: https://foodethics.univie.ac.at/fileadmin/user_upload/p_foodethik/Minson__J._and_Monin__B_2012._Do-Gooder_Derogation_-_About_Vegetarians_...._200.full.pdf

Priefer, C. und Jörissen, J. (2014), „Frisch auf den Müll". Verringerung der Lebensmittelverluste als Ansatz zur Verbesserung der Welternährungssituation, Zukünftige Themen der Innovations- und Technikanalyse: Lessons learned und ausgewählte Ergebnisse, KIT Scientific Publishing, Karlsruhe.

Quested, T. E., Marsh, E., Stunell, D. und Parry, A. D. (2013), „Spaghetti soup: the complex world of food waste behaviours", Resources, Conservation and Recycling, Vol. 79, No. n.v., S. 43–51.

Scott, E., Kallis, G., Zografes, C. (2019), „Why environmentalists eat meat", PLoS ONE 14(7): e0219607, unter: https://doi.org/10.1371/journal.pone.0219607

Spindler, E. A. (2012): „Geschichte der Nachhaltigkeit. Vom Werden und Wirken eines beliebten Begriffes", unter: https://www.nachhaltigkeit.info/media/1326279587phpeJPyvC.pdf

The Shift Project (2019), „Climate Crisis: The unsustainable use of online video", unter: https://theshiftproject.org/wp-content/uploads/2019/07/2019-02.pdf

Tonglet, M., Phillips, P. S. und Bates, M. P. (2004), „Determining the drivers for householder proenvironmental behaviour: waste minimisation compared to recycling", Resources, Conservation and Recycling, Vol. 42, No. 1, S. 27–48.

Umweltbundesamt (2008), „Emissionsverhalten von SUV – Sport Utility Vehicles", unter: https://www.umweltbundesamt.at/fileadmin/site/publikationen/REP0155.pdf

Whitmarsh, L. und O'Neill, S. (2010), „Green identity, green living? The role of proenvironmental self-identity in determining consistency across diverse proenvironmental behaviours", Journal of Environmental Psychology, Vol. 30, No. 3, S. 305–314.

Wiener Tafel (2016), „Ist das noch gut? Lebensmittel sicher gut genießen", unter: https://wienertafel.at/fileadmin/Presse/WT_19021_MHD_Broschuere_ANSICHT.pdf

WRAP (2007), Food Behaviour Consumer Research: Quantitative Phase, unter: https://www.wrap.org.uk/sites/files/wrap/Food%20behaviour%20consumer%20research%20quantitative%20jun%202007.pdf

WRAP (2012), Consumer Attitudes to Food Waste and Food Packaging, unter: https://www.wrap.org.uk/sites/files/wrap/Report%20-%20Consumer%20attitudes%20to%20food%20waste%20and%20packaging_0.pdf

WWF (2018), Lebensmittelabfälle in Österreich, unter: https://www.wwf.at/de/view/files/download/showDownload/?tool=12&feld=download&sprach_connect=3263

Dank

Meine Bemühungen um ein wirklich nachhaltiges Leben wären ohne die Unterstützung von ganz besonderen Menschen nicht möglich gewesen. An dieser Stelle möchte ich mich von ganzem Herzen bei ihnen bedanken.

Bei meinem Bruder **Andreas Diesenreiter**: danke, dass du mich mein ganzes Leben lang immer bei allem so liebevoll unterstützt hast und dass du dich mit mir auf das große Abenteuer „Unverschwendet" eingelassen hast. Es gibt niemanden, mit dem ich es lieber teilen würde.

Bei meinen Eltern **Andrea und Johann Diesenreiter**: danke, dass ihr mich mit so unglaublich viel Liebe, Unterstützung und Zuversicht meinen langen Weg mit all seinen Abzweigungen habt gehen lassen und dabei immer an mich geglaubt habt.

Bei meinem „Unverschwendet"-Team, **Christl, Niki, Lydia, Julia, Louise und Kevin**: danke, dass ihr mit mir gemeinsam so an unsere Mission und Ziele glaubt und immer alles dafür gebt. Ich kann mir kein besseres Team wünschen.

Ein herzliches Dankeschön auch an jene Menschen, die mein erstes Buch so überhaupt möglich gemacht haben.

Ulli Steinwender – danke, dass du mir gezeigt hast, wie aus tausenden Gedanken ein Buch werden kann, und dafür, dass du mich auf dieser spannenden Reise an die Hand genommen hast wie eine gute Freundin. Und danke für den Spritzer in der Herbstsonne.

Irene Zehenthofer – danke, dass du so tief in meine Zeilen eingetaucht bist und mit deinem unglaublichen Talent und Feingefühl meinen Worten noch mehr Klarheit geschenkt hast. Du hast mir ermöglicht zu schreiben, was ich wirklich sagen wollte.

Sophie Wolf – danke, für deine Begeisterung und deinen wertvollen konzeptionellen Input.

Caroline Plank-Bachselten – danke, dass du mit deinen wunderschönen Illustrationen meinen Worten so viel Leben schenkst.

Elisabeth Katzensteiner und **Anna Reisinger** – danke, dass ihr so engagiert und mit so viel Freude für die Verbreitung meines Buches sorgt.

Cornelia
Diesenreiter

Die gebürtige Oberösterreicherin Cornelia Diesenreiter ist eine junge Frau, die alles richtig machen will: Aufgewachsen in einer Zeit der nahenden Klimakatastrophe, entscheidet sie sich für eine Ausbildung zur Klimaretterin. Sie studiert Umwelt- und Bioressourcenmanagement in Wien und Design und Innovation for Sustainability in England, lernt dort Zero Waste kennen und gründet 2016 ihr eigenes nachhaltiges Unternehmen „Unverschwendet", das überschüssiges Obst, Gemüse und Kräuter in Marmelade, Sirup, Chutneys, Eingelegtes und vieles mehr verwandelt. 2019 wird sie für ihr Start-up zur „Österreicherin des Jahres" gewählt.

Liebe Leserin,
lieber Leser,

hat Ihnen dieses Buch gefallen?
Dann freuen wir uns über Ihre
Weiterempfehlung, Austausch und
Anregung unter

leserstimme@styriabooks.at

Inspirationen, Geschenkideen und
gute Geschichten finden Sie auf

www.styriabooks.at

Impressum

© 2021 by Molden Verlag
in der Verlagsgruppe Styria GmbH & Co KG
Wien – Graz

Alle Rechte vorbehalten.

ISBN 978-3-222-15059-3

Bücher aus der Verlagsgruppe Styria gibt es in jeder
Buchhandlung und im Online-Shop
www.styriabooks.at

Projektleitung Ulli Steinwender, Sophie Wolf
Lektorat Ulli Steinwender
Korrektorat Joe Rabl
Konzeptionelle Mitarbeit Andreas Diesenreiter
Redaktionelle Mitarbeit Irene Zehenthofer
Cover, Layout und Illustrationen Buero Blank, Caroline
Plank-Bachselten
Cover Bildnachweis iStock / Artit_Wongpradu

Papier 100 % Recyclingpapier NAUTILUS® SuperWhite
Klimaneutraler Druck bei Finidr
Printed in the EU

7 6 5 4 3 2 1